ISABELLE
LA CATHOLIQUE

REINE D'ESPAGNE

SA VIE, SON TEMPS, SON RÈGNE

1451 — 1504

PAR

M. LE BARON DE NERVO

MEMBRE DE L'ACADÉMIE ESPAGNOLE

(HISTOIRE)

—

ORNÉ DE PORTRAITS

PARIS

MICHEL LÉVY FRÈRES, ÉDITEURS

RUE AUBER, 3, PLACE DE L'OPÉRA

LIBRAIRIE NOUVELLE

BOULEVARD DES ITALIENS, 15, AU COIN DE LA RUE DE GRAMMONT

—

1874

Tous droits réservés.

ISABELLE
LA CATHOLIQUE

REINE D'ESPAGNE

OUVRAGES DU MÊME AUTEUR

Voyage en Sicile, 1833.	2 vol. in-8°.
Les Finances de la France et de l'Angleterre. . . .	1 vol. in-8°.
Les Finances de la France, 1852 à 1859	1 vol. in-8°.
Les Finances du département du Cantal.	1 vol. in-8°.
Histoire des Finances françaises, sous l'ancienne Monarchie, la République, le Consulat et l'Empire	4 vol. in-8°.
Histoire des Finances françaises, sous la Restauration.	2 vol. in-8°.
Le comte Corvetto, ministre des finances sous le roi Louis XVIII ; sa vie	1 vol. in-8°.
L'Espagne, ses finances, son armée, son administration.	1 vol. in-8°.
Souvenirs de ma vie.	1 vol. in-18.
Histoire d'Espagne.	4 vol. in-8°.

SOUS PRESSE :

Dictons et Proverbes espagnols. . . . . 1 vol. in-18.

Isabelle la Catholique
d'après un portrait du temps

ISABELLE
LA CATHOLIQUE

REINE D'ESPAGNE

SA VIE, SON TEMPS, SON RÈGNE

1451 — 1504

PAR

M. LE BARON DE NERVO

MEMBRE DE L'ACADÉMIE ESPAGNOLE

(HISTOIRE)

—

ORNÉ DE PORTRAITS

PARIS

MICHEL LÉVY FRÈRES, ÉDITEURS

RUE AUBER, 3, PLACE DE L'OPÉRA

—

LIBRAIRIE NOUVELLE

BOULEVARD DES ITALIENS, 15, AU COIN DE LA RUE DE GRAMMONT

—

1874

Tous droits réservés.

AUX DAMES ESPAGNOLES

J'offre cette histoire aux dames des anciens royaumes de Castille et d'Aragon, désormais réunis sous les mêmes lois.

Elles y trouveront le souvenir et l'exemple des qualités, des sentiments, des vertus qui ont fait d'Isabelle-la-Catholique une grande reine et une grande femme.

Nul ne fit l'Espagne plus glorieuse, nul ne l'aima plus, ne la servit mieux. — C'est ainsi qu'elle la laissa, libre, unie et prospère, à son illustre successeur l'empereur Charles-Quint.

Baron DE NERVO.

AVANT-PROPOS

Des historiens célèbres ont déjà écrit l'histoire d'Espagne.

Quelques-uns, en particulier, ont écrit celle de Ferdinand et d'Isabelle-la-Catholique; ces deux souverains qui, réunissant sur les mêmes têtes les couronnes de Castille et d'Aragon, trop longtemps séparées, ont enfin fondé la grande monarchie espagnole.

Le règne d'Isabelle-la-Catholique nous a semblé toutefois — en dehors du roi Ferdinand, son époux — partout empreint d'une telle prépondérance et d'une telle action directe sur les destinées de cette nation, que, considéré sous cet aspect particulier, il devait en recueillir toute la gloire.

Ce célèbre règne, en effet, révèle partout la part, l'unique part qui revient à la reine Isabelle dans les lois, les institutions, les réformes, comme dans les grandes guerres contre les Maures, la conquête du royaume de Grenade, les premiers projets de Christophe Colomb et la découverte de l'Amérique : — tous actes qu'elle médita, entreprit, encouragea ou dirigea seule.

Le roi Ferdinand, si peu aimé des Castillans et qui oublia si vite Isabelle, s'occupa de l'Aragon. — Le grand Gonzalve de Cordoue lui conquit le royaume de Naples.

C'est donc, sous cet aspect nouveau, que nous présentons la reine Isabelle, dirigeant seule, d'une main ferme, sage et habile, le gouvernement de ce grand peuple « qu'elle aima si fort, dit un historien, qu'elle mourut épuisée par les travaux et les veilles que son patriotisme lui prodigua! »

B. N.

SOURCES

AUXQUELLES A PUISÉ L'AUTEUR

Mariana. — Ferreras. — Zurita. — Condé. — Masdeü. — Llorente. — Zalazar de Mendoza. — Pulgar. — Capmany. — Herrera. — Fléchier. — Azevedo. — Robertson. — Zuniga. — Carillo-Ayala. — Viardot. — Sandoval. — Giovio. — Alvaro-Gomez. — Guicciardini. — Martell-Argenzola. — Pedraza. — Geddes.

1451 — 1474

CHAPITRE PREMIER.

SOMMAIRE.

1451-1474. — Naissance d'Isabelle. — Ses premières années. — La cour et le gouvernement du roi Henri IV de Castille. — Pacheco, marquis de Villena. — Second mariage du roi. — Le prince de Viane est fiancé à Isabelle. — Sa mort étrange. — Guerre entre Castille et Aragon. — Intervention de la France. — Louis XI et Henri IV sur la Bidassoa. — Décision de Louis XI. — Soulèvement des confédérés. — La reine et Bertrand de la Cueva. — Naissance de la princesse Jeanne. — Doutes sur la paternité du roi. — Drame d'Avila. — Déposition du roi. — Isabelle à Arevalo. — Son éducation. — Ses occupations. — Son caractère. — On lui offre le grand maître de Calatrava pour époux. — Son refus. — Béatrix de Bovadilla. — Offre du trône à Isabelle. — Son refus. — Prétendants à la main d'Isabelle. — L'Angleterre. — La France. — L'Aragon. — Le prince Ferdinand d'Aragon est agréé. — Conditions spéciales du mariage. — Voyage romanesque de Ferdinand. — Mariage de Ferdinand et Isabelle. — Cérémonies à Valladolid. — Dangers courus par Isabelle. — Scandales de la cour de Henri IV. — Situation déplorable de la Castille. — Mort du roi Henri IV. — Isabelle est reine de Castille.

CHAPITRE PREMIER.

I.

Isabelle naquit à Madrigal, petite ville de la province d'Avila, le 27 avril 1451. Le roi de Castille, Jean II, de la maison des Transtamare, était son père. Il avait épousé en premières noces la princesse Marie d'Aragon, dont il avait eu celui qui fut roi de Castille, sous le nom de

Henri IV et qui va jouer dans l'histoire d'Isabelle un rôle si difficile et si triste. Après la mort de Marie, Jean II avait épousé en secondes noces la princesse Isabelle de Portugal, dont il eut le prince Alphonse et enfin celle dont nous écrivons l'histoire, Isabelle dite *la Catholique.*

Lorsque le roi Jean II mourut, le 20 juillet 1454, Isabelle avait à peine quatre ans. A ses derniers moments, Jean recommanda vivement sa petite fille au roi Henri IV, son frère, et Isabelle avec la reine douairière, sa mère, fut conduite au château d'Arevalo près de Ségovie, où elle passa toute son enfance. Isabelle, contrairement à ce qu'ont écrit quelques historiens, trouva dans ce château une situation digne de son rang. Par son testament, le roi son père lui avait laissé pour apanage la ville de Cuellar, avec ses importants revenus, et il y avait ajouté une somme d'argent considérable, qui lui fut exactement remise. La reine douairière, sa mère, avait eu également une part considérable dans le testament de son époux; elle avait reçu pour douaire les villes de Soria, de Madrigal et d'Arevalo, avec leurs riches dépendances. Le roi avait en outre ajouté un don particulier pour l'entretien de sa maison. La mère d'Isabelle, quelque frappée au cœur qu'elle fût par la mort de son époux qu'elle aimait tendrement, était loin alors d'avoir éprouvé les premières atteintes du mal cruel qui, quelques années avant sa mort (qui n'arriva qu'en 1496), avait altéré sa raison; mal qui devait passer une génération, pour envahir si cruellement la fille de la reine Isabelle, dont nous aurons tant à parler. La reine douairière, alors pleine de tristesse, mais saine de tête et pure de cœur, s'adonna tout entière à l'éducation forte et pieuse de la jeune enfant qui lui était confiée. Isabelle passa son enfance à Arevalo. C'est là que, sous l'œil maternel, se formèrent l'esprit et le cœur de celle à qui Dieu réservait de si hautes destinées.

II.

Les relations de la reine douairière avec le nouveau roi de Castille, Henri IV, son demi-fils, furent, dès le principe, loin d'être bonnes. Henri était un prince fastueux, adonné aux plaisirs, d'une libéralité sans bornes. Ce contraste avec la sévère parcimonie de son père lui avait valu d'abord le surnom de *Généreux,* un autre moins flatteur, celui d'*Impuissant* lui resta; on verra pourquoi.

Avec ces tendances, avec ces dispositions négatives pour tout ce qui avait trait aux affaires sérieuses, Henri IV ne pouvait que se décharger de ce poids sur autrui. Deux personnages se chargèrent de ce soin : Pacheco, marquis de Villena, et Carillo, archevêque de Tolède. Ce fut à ces deux illustres personnages que le sceptre royal tomba littéralement en partage dès le commencement du règne.

Les mœurs de la nouvelle cour du roi Henri durent naturellement se ressentir des goûts et des vices de celui qui, abandonnant à ses favoris la conduite des affaires, ne s'occupait que de ce qui lui plaisait, de joutes, de chasses, de tournois et de toutes ces occupations incessantes du corps, si nécessaires à ceux qui n'ont point celles de l'esprit.

Un grand événement était bientôt venu apporter dans cette cour dissolue un nouvel élément de plaisirs, événement qui porte avec lui le germe des graves dissensions dont le règne d'Isabelle va devenir le triste théâtre.

Henri s'était marié en 1440, le 25 septembre, à une princesse d'Aragon, l'infortunée Blanche de Viane; il avait vécu avec cette jeune et intéressante épouse pendant plus de douze ans sans qu'un enfant fût résulté de cette union. On s'était d'abord étonné de cet état de choses, quelques bruits ridicules avaient couru ; enfin Henri avait fini par solliciter du pape la nullité de ce mariage, en alléguant la stérilité de sa femme, résultat, disait-il, de quelque maligne influence.

La pauvre Blanche avait alors, sans rien dire, accepté le rôle qui lui était fait, et elle s'était chastement retirée auprès des siens, en Navarre, où elle mourut si tragiquement, en 1462, empoisonnée par les ordres du roi d'Aragon, son impitoyable compétiteur à la couronne de Navarre.

Ce mariage ainsi rompu, Henri avait eu la pensée d'en contracter un second. Depuis qu'il était devenu roi, il avait eu l'ambition d'avoir un héritier de sa couronne de Castille, et, à voir l'espèce de volonté qu'il apportait à ce projet, on eût dû croire qu'il avait en lui les moyens d'arriver au résultat. Son favori, Pacheco, s'était montré, dans cette circonstance, le plus ardent partisan de ce projet, et ce fut lui qui, confident de son maître, avait envoyé à la cour de Portugal faire la demande de la jeune princesse sur laquelle le roi avait fixé son choix.

La princesse Jeanne était la sœur du roi Alphonse V, régnant alors en Portugal. Elle ne pouvait qu'être plus que flattée de devenir ainsi reine de Castille, et, sans s'arrêter aux motifs qui avaient fait rompre le premier mariage du roi, motifs qu'on lui laissa d'ailleurs ignorer, elle accepta. Partie immédiatement de Lisbonne, accompagnée par un brillant cortége de jeunes filles, Jeanne arriva à Cordoue au milieu des fêtes et des pompes militaires qui appartenaient, surtout en Espagne, aux temps de la chevalerie. Henri l'y attendait, et à l'aspect de cette jeune femme, dans toute la fraîcheur de la jeunesse, éblouissante de charmes et de grâce, il demeura frappé d'admiration. Le mariage eut lieu le 21 mars 1455; il fut célébré dans la vieille mosquée des Abdérames, avec un luxe et une pompe que ces temps seuls pouvaient comporter. La bénédiction nuptiale fut donnée aux époux royaux par l'ambassadeur de France à la cour de Castille, l'archevêque de Tours, auquel on voulut faire cet honneur tout particulier. La Castille tout entière participa à cette joie, toutes les villes eurent, à cette occasion, leurs fêtes et leurs actions de grâces; cette union fut célébrée partout comme un événement national.

Quant à la princesse, à la nouvelle reine, ses douces manières, son esprit, sa vivacité de reparties heureuses, sa gaieté, firent dès les premiers jours une très-vive impression sur le roi, et il s'en montra le plus épris des hommes. Nous ne le suivrons pas dans les premières et stériles ardeurs de sa tendresse pour sa nouvelle épouse, cette triste et humiliante page de sa vie va se dérouler bientôt, et comment?

III.

La princesse Isabelle et la reine douairière sa mère, n'avaient point été conviées au mariage du roi, Henri et Pacheco avaient pensé que cette cour si remplie de bruit, de pompe, de faste et de galanterie, n'avait rien qui pût plaire à une veuve et à une enfant, et il avait eu raison. Isabelle et sa mère étaient donc restées solitairement confinées dans le château d'Arevalo, où toutes deux s'adonnaient, même la petite princesse, aux soins des pauvres et des malades; elles étaient la providence du pays.

Isabelle était ainsi arrivée à l'âge de neuf ans, lorsque la première demande de sa main fut faite par un prince, devenu célèbre par son courage et sa mort tragique; par le prince de

Viane. Le prince Charles de Viane, était le fils du roi de Navarre, depuis roi d'Aragon, sous le nom de Jean II. Après des démêlés considérables avec son père, il avait acquis à Naples et en Sicile une telle popularité que la souveraineté de cette île lui avait, dit-on, été offerte. Charles, loin de se laisser entraîner à cette téméraire ambition, s'était au contraire hâté d'opposer à ce flatteur appel un refus modeste et formel.

Désireux de se réconcilier avec son impitoyable père, il avait mieux aimé venir solliciter lui-même cette réconciliation, et, quittant inopinément la Sicile, il avait débarqué à Igualada, où il avait trouvé le roi et la reine d'Aragon, et avait obtenu d'eux une complète réconciliation, en apparence du moins.

A la nouvelle de l'arrivée du prince de Viane, le roi de Castille, Henri IV, qui n'avait jamais abandonné sa haine profonde contre le roi d'Aragon, s'était alors hâté de faire proposer à ce prince la main de sa sœur, la petite princesse Isabelle; qui, comme nous l'avons dit, n'avait alors que neuf ans. Ce fut la première demande, entre toutes celles qu'on verra qui lui furent faites.

La main d'une princesse de Castille, fille de roi, était pour Charles de Viane, une illustre alliance et de plus un appui des plus considérables; il avait donc accepté; mais bientôt cette négociation qu'on avait crue secrète s'était ébruitée, et la reine d'Aragon avait tout appris.

Comme ce mariage venait froisser directement la plus secrète et la plus vive espérance du roi et de la reine d'Aragon, dont l'ambition était de marier à Isabelle de Castille, leur jeune fils Ferdinand (celui qui l'épousera en effet); les moyens propres à annuler les projets de Charles de Viane sur la main d'Isabelle, furent bientôt trouvés.

Arrêté à Lérida dans la chambre même du roi, le pauvre prince fut jeté en prison. Bientôt après, relâché, il avait été nommé lieutenant général de la Catalogne, et il y faisait le bonheur de tous, lorsque tout à coup, sans nulle maladie, il s'était senti atteint d'un mal soudain, et était mort sans que personne ait jamais su de quelle maladie. Si le roi d'Aragon ne fut point le meurtrier de son propre fils, il avait passé pour ne pas en avoir été incapable, et cette tache honteuse resta attachée à sa mémoire comme à celle de la reine.

Le prince de Viane, doué de toutes les qualités qui font les hommes distingués eût été pour Isabelle (malgré la différence d'âge qui eût existé entre les deux époux, trente ans), un époux certainement digne d'elle, mais la Providence en avait décidé autrement, c'était un héritier direct du roi d'Aragon qui devait réunir les deux couronnes.

IV.

Pendant que ces événements se passaient, bien d'autres troubles avaient déjà marqué les premiers temps du règne de Henri IV. La Castille et l'Aragon étaient entrés en guerre. La Catalogne avait été victorieusement envahie par Henri IV de Castille, des conquêtes importantes y avaient été faites par ce dernier, et c'était dans ce trouble général qui menaçait le trône même du roi d'Aragon qu'une intervention était devenue nécessaire. Le roi de France, Louis XI, avait offert la sienne, qui fut acceptée. Ce fut sur les rives de la Bidassoa qui séparait les deux États et du côté de la France, que les conférences durent avoir lieu.

Henri de Castille, de son côté, se prépara,

non sans une certaine appréhension, à ce voyage dont il espérait beaucoup. Henri avait en outre grand désir de connaître le roi de France. Les seigneurs les plus illustres et les plus riches avaient été désignés pour accompagner le roi de Castille. L'archevêque de Tolède, les évêques de Burgos, de Léon, de Ségovie, de Calatrava, le grand prieur de Saint-Jean, Pacheco, marquis de Villena, et le nouveau favori de la reine, dont nous aurons bientôt tant à parler, Bertrand de la Cueva, formaient le cortége royal.

La reine d'Aragon était arrivée de son côté, mais à peu près seule, et sans apparat.

Le roi de France avait amené à sa suite les deux Gaston, comtes de Foix, le duc de Bourbon, l'archevêque de Tours, l'amiral de France et plusieurs autres seigneurs.

Au jour fixé, les deux souverains se mirent en marche. Henri était escorté de sa garde mauresque composée de 300 chevaux, les autres cavaliers de sa suite rivalisaient entre eux par la splendeur de leurs costumes. Bertrand de la Cueva se faisait remarquer particulièrement par les pierreries qui ornaient ses armes et son habillement. En somme, les chevaux caparaçonnés, et le grand nombre des pages, des écuyers, des bannières flottant au vent, formaient un spectacle magnifique.

On passa la rivière sur des barques, parmi lesquelles, après celle du roi, on eut encore à remarquer celle de Bertrand de la Cueva, qui resplendissait de voiles en drap d'or. Sur l'autre rive et prêt à recevoir le roi de Castille, était Louis XI.

Le contraste de son costume avec les splendeurs castillanes, mérite d'être conservé. C'est Commines qui nous le dépeint. Louis portait un habit d'étoffe de laine grossière, coupé court (mode qui n'allait point aux personnes de son rang), avec un pourpoint de futaine; son chapeau fort usé des bords, était surmonté d'une petite image en plomb de la Vierge. Sa suite avait adopté un costume à peu près semblable. Les représentants des deux nations furent également choqués du contraste singulier offert par cette affectation. Les Français se moquèrent de l'ostentation des Espagnols, et ceux-ci tournèrent à leur tour en ridicule la sordide avarice de leurs voisins. Ainsi, sous ce prétexte frivole en apparence, furent jetées les semences d'une aversion qui doit durer pendant tout le règne d'Isabelle et au delà.

Après ces préliminaires qui s'annonçaient d'une façon si peu bienveillante, la conférence s'était ouverte : elle avait été de courte durée, et Louis y avait prononcé publiquement le jugement suivant qu'il avait arrêté d'avance.

Les troupes castillanes devaient évacuer la Catalogne et les rebelles être abandonnés à la discrétion de leur souverain. Le roi de Castille devait rendre toutes les places dont il s'était emparé. La seule ville d'Estella, dans la

Navarre, devait lui rester comme dédommagement de ses frais de guerre; enfin la reine d'Aragon et sa fille devaient être remises entre les mains de l'archevêque de Tolède, comme otages et garants du traité.

Telle était la décision de l'arbitre choisi par les deux parties. Chacune d'elles se répandit en plaintes amères; mais il n'y avait point à revenir sur une sentence à laquelle on s'était soumis d'avance.

La conférence fut donc ainsi terminée et les deux monarques rentrèrent chacun dans leurs États.

La décision de Louis avait mécontenté tout le monde, d'où l'on pourrait conclure qu'elle était juste.

Une fois rendue, ce fut à qui ne s'y soumettrait point.

Les Catalans, irrités de se voir ainsi sacrifiés au caprice d'un roi étranger, allèrent offrir leur principauté à l'un des descendants de l'ancienne maison de Barcelone, don Pedro, connétable de Portugal.

Les Castillans sacrifiés, se plaignirent vivement de ce que les favoris du roi, le marquis de Villena, Pacheco, et l'archevêque de Tolède avaient compromis l'honneur de leur pays; ils les accusèrent d'avoir été achetés par Louis pour céder le territoire conquis en Aragon par les armées nationales, enfin ils firent tant et si bien que bientôt le roi Henri IV lui-même, cédant aux irritations de la voix publique, démit ces deux ministres de leurs charges et les congédia.

Cet acte va être la cause directe et indirecte de tous les maux, de toutes les dissensions, de toutes les guerres qui vont assiéger le règne de Henri IV et les commencements de celui d'Isabelle pendant de trop longues années.

Nous entrons dans ce triste récit qui tient de si près à l'histoire même de la future reine de Castille et d'Espagne.

V.

Dès que Pacheco et l'archevêque de Tolède se virent ainsi ignominieusement chassés des conseils de la couronne, leur dépit fut extrême. L'un et l'autre avaient dans le caractère une fierté que rien ne désarmait. Se livrant alors à toute la fureur de leur ressentiment, ils organisèrent, dès le lendemain de leur éloignement, une de ces ligues formidables qui, en ces temps, firent si souvent trembler les rois sur leur trône; ils se *confédérèrent*. Cette ligue fut sanctionnée par toutes les solennités de la religion usitées en semblable occasion, solennités par lesquelles ils juraient d'abandonner le service du roi et de ne rien accepter de la couronne, avant que réparation n'eût été obtenue. Toutefois comme aux actes les plus iniques il faut un motif quelconque, ils se rassemblèrent à Burgos pour le trouver et ils le trouvèrent.

Il leur eût été plus que facile d'imputer au roi, si léger et si prodigue de légitimes griefs sur sa déplorable administration, ils aimèrent mieux s'attaquer à quelque chose de plus direct, à sa propre personne ; et alors, enveloppant dans la même flétrissure la reine et lui, ils arguèrent de l'illégitimité de la princesse Jeanne leur fille, dont la reine venait d'accoucher, et protestèrent contre sa reconnaissance comme héritière du trône de Castille. Le trait était empoisonné ; il porta : il blessait le roi dans son honneur, c'était la plus grave injure que monarque ait encore eue à supporter.

Afin de bien comprendre toute la portée de cette accusation, et comment elle se lie à la reine Isabelle elle-même, il faut remonter au mariage de Henri, et le suivre un instant jusqu'à ce jour.

La reine dont l'esprit et les grâces étaient extrêmes, avait passé les premiers jours de son union avec Henri IV, dans une douce intimité : toutefois on avait pu apercevoir que bientôt la sévère étiquette de la cour castillane avait disparu, et que les fêtes, les joies, les tournois galants et les passes d'armes s'étaient succédé sans interruption. Sept ans s'étaient ainsi passés sans que la reine eût eu d'enfants, lorsque tout à coup et à l'étonnement de tous, on avait annoncé sa grossesse. Les esprits clairvoyants, ceux qui avaient quelque raison de douter de la *puissance* du roi, Pacheco entre autres, ne purent s'empêcher de remarquer que cette grossesse coïncidait d'une manière singulière avec l'époque à laquelle un nouveau personnage avait paru à la cour. Vers le mois d'avril de l'année antérieure, le roi avait en effet présenté à sa femme un jeune seigneur qu'il avait, disait-il, pris en grande plaisance. Ce page (car il était d'abord simple page des carrosses du roi) était grand, de formes remarquablement belles ; il avait le teint brun, l'œil vif, une moustache noire et relevée, ainsi qu'on la portait alors : il régnait dans toute sa tournure et dans ses manières quelque chose de galant et de distingué qui frappait à la première vue et qui plaisait ; ce personnage s'appelait Bertrand de la Cueva.

Dès les premiers jours, son modeste emploi de page avait été changé contre celui de grand maître de la maison du roi, c'était une faveur inouïe, et c'était sans doute à ce titre que, dès lors, il ne quittait plus la reine et que même il voyageait dans sa propre voiture, à ses côtés.

Cette faveur soudaine, cette subite affection du roi, cette intimité de la reine ; la beauté de cette dernière, les penchants à la galanterie qu'on lui connaissait, la légèreté de sa conduite ; toutes ces circonstances parurent suspectes à ceux qui avaient intérêt à pénétrer cet étrange mystère, et lorsqu'on rapprocha tous ces faits de l'éloignement marqué de la cour, dans lequel on tenait le prince Alphonse, frère du roi, et la princesse Isabelle, sa sœur, toujours confinée dans son château d'Arevalo; on put penser, sans trop s'écarter des probabilités, que pour les priver du trône et à défaut des facultés génératrices du roi, supposées nulles, une postérité avait été *demandée* à une autre personne.

C'était au milieu de ces circonstances que la reine, rapportée sur un brancard d'Aranda-de-Duero à Madrid, était, en effet, accouchée d'une fille, au commencement de 1462, sept ans après son mariage.

Cette princesse avait été nommée Jeanne, Dans l'histoire, elle fut connue sous le nom de *la Bertrandeja,* nom qui lui avait été donné à cause de son père présumé, *Bertrand...* de la Cueva. C'est elle, nous le répétons, qui va devenir le sujet et l'aliment de toutes les guerres qui vont s'allumer, et troubler d'une manière si grave les premières années du règne d'Isabelle, lorsque la guerre de succession viendra lui disputer, au nom de Jeanne, sa couronne de Castille.

VI.

Aussitôt après la naissance de Jeanne, le roi Henri toutefois, fier de cette postérité, s'empressa d'exiger que le serment de fidélité fût prêté à sa fille par les Cortès, comme héritière de la couronne, ce qui eut lieu en effet, mais point unanimement. Dès le premier jour, plusieurs avaient protesté contre cette illégitimité, et c'était précisément cette protestation que les confédérés, et Pacheco à leur tête, venaient aujourd'hui reprendre, en demandant à Henri de leur remettre son frère Alphonse, afin qu'il fût reconnu comme son seul successeur légitime.

A cette embarrassante injonction, Henri avait eu l'air de persister dans la conscience de sa paternité, et, par une aberration de son esprit malade, il avait même offert de la prouver. Pacheco, l'ennemi de Bertrand de la Cueva, poussa par ses intrigues à cette ridicule résolution et l'on vit alors Henri nommer sérieusement une commission dont le devoir était de faire sur sa *puissance* physique une information sommaire. — Tout, jusqu'au choix des membres de cette commission, attestait la démence du roi : deux évêques, ceux de Carthagène et d'Astorga en étaient chargés.

On remonta d'abord au premier mariage du roi avec la princesse de Navarre, et on constata facilement, qu'alors aucun rapport sérieux n'avait pu exister entre lui et la reine parce que, avec elle, il était impuissant. Cette impuissance était expliquée tout au long dans l'acte même de répudiation de l'infortunée Blanche; *impotentia* y était-il dit, résultant de quelque maligne influence. Avec ce précédent, on arriva au second mariage.

Interrogée sur ses relations avec son époux, la reine, par la haine qu'elle portait à Isabelle et à Alphonse son frère, par l'intérêt direct qu'elle avait à ne point les voir régner à la place de sa fille Jeanne, puis aussi par un sentiment étudié de pudeur (vertu dont elle manquait d'ailleurs absolument), la reine, ne déclara que ce qu'elle pouvait déclarer, et sans rien affirmer sur l'état habituel de Henri, elle parut cependant laisser entendre à ses juges (les deux évêques) que le hasard pouvait avoir ses bizarreries; elle affirma enfin que Jeanne était bien la fille du roi.

D'autres informations, prises auprès des maîtresses connues du roi, apportèrent cependant la preuve que ses débauches et le cynisme d'un libertinage habituel l'avaient considérablement affaibli. C'est ainsi qu'une certaine Catherine Sandoval et une doña Guiomar, avaient raconté que dans le commerce qu'elles avaient entretenu avec lui, tout s'était borné à de certaines privautés, sans que jamais il eût été possible de même songer à une progéniture : on ne lui connaissait, en effet, aucun enfant naturel.

Avec ces données contradictoires, avec cette faculté génératrice, si étrangement perdue et retrouvée, les juges ne purent guère s'éclairer ; ils conseillèrent donc au roi, pour terminer ce ridicule débat, de transiger avec les confédérés.

Henri, naturellement éloigné de toute mesure violente, partagea cet avis et consentit à une entrevue avec eux. Ceux-ci, alors en nombre imposant, avaient présenté à Henri une sorte d'ultimatum dans lequel deux conditions définitives étaient posées : « reconnaissance d'Alphonse comme seul héritier du trône; reprise à Bertrand de la Cueva de la grande maîtrise de Saint-Jacques qui venait de lui être conférée. »

A la lecture de cette pièce inouïe, l'évêque de Cuença l'ancien précepteur de Henri qui l'avait accompagné, saisi d'une noble indignation lui avait dit : « Si vous signez un tel acte, vous renoncez à votre propre honneur, et vous serez le monarque le plus dégradé de l'Espagne ! »

Peu touché de cette verte remontrance, Henri persista néanmoins dans ses premières idées de réconciliation, et, vaincu par les arguments de Pacheco, il accorda tout.

La Cueva fut immédiatement privé de sa grande maîtrise, mais il en fut aussitôt dédommagé par le duché d'Albuquerque ; et l'infant don Alphonse, remis aux mains des confédérés, fut reconnu comme l'héritier légal de la couronne de Castille, à la condition si facile à éluder, que plus tard il épouserait cette même Jeanne, qui naissait à peine.

Ainsi arrangé, le différend eût dû être complétement aplani, mais les confédérés n'avaient pas dit leur dernier mot, ils voulaient plus, bientôt ils reprirent les armes.

Henri stupéfait, et se repentant alors de n'avoir pas suivi les conseils de l'évêque de Cuença, courut aux armes de son côté. Il avait compté sur le concours du grand maître de Calatrava, du duc de Medina-Sedonia, du comte de Medelin; mais ces seigneurs, ainsi que les régences de Séville et de Cordoue, avaient épousé la cause des confédérés, et ils se présentaient contre lui.

Dans cette perplexité, Henri avait couru à Madrid, il y avait convoqué les états, ils avaient été muets. Sentant alors renaître en lui quelque lueur de cette décision qu'il eût dû montrer dès le principe, il avait rassemblé ceux qui lui étaient restés fidèles, et il était allé mettre le siége devant Arevalo, cherchant à s'emparer de la princesse Isabelle, dont il se méfiait déjà pour plus d'une raison; lorsque la nouvelle de l'inconcevable et énergique événement d'Avila lui était parvenue. C'était la dernière et la plus cruelle injure sous laquelle la puissance royale devait ignominieusement s'abaisser.

VII.

Dans une plaine ouverte, non loin de la petite ville d'Avila, près de Madrid, les confédérés réunis en armes avaient décidé que Henri avait cessé de régner et qu'il était déchu.

En conséquence, le 5 juin 1465, un échafaud assez élevé pour qu'il pût être aperçu de loin, avait été dressé. Sur cet échafaud, l'effigie du roi de Castille, Henri IV, revêtue d'un costume noir et ornée de tous les insignes de la royauté, était assise. La couronne, le sceptre, l'épée de justice, rien n'y avait été oublié. Lorsque tous les confédérés, en armes, à cheval, revêtus de leurs cuirasses, l'épée à la main, eurent pris place devant le trône, un héraut se présenta, et lut, à haute voix, devant la foule attentive, un manifeste dans lequel la conduite du roi était peinte sous les plus sombres couleurs.

La sentence de sa déposition suivait : des applaudissements violents et unanimes y répondirent.

L'archevêque de Tolède, Carillo, s'avançant alors gravement, arracha la couronne de la tête royale, le vicomte Placenzia prit l'épée, le comte de Benavente le sceptre, le grand maître d'Alcantara et le marquis de Parèdes les autres insignes de la royauté, puis, lorsque l'effigie fut ainsi dépouillée de tous ses insignes, don Diego de Zuniga la poussa du pied et la renversa dans la poussière, aux cris irrités de la multitude.

Tout cela se passait en présence du jeune Alphonse qu'on avait amené, au pied de l'estrade; il n'avait alors que onze ans. On le plaça alors sur le trône vacant, on lui mit sur la tête cette couronne que l'on venait de briser si facilement, puis les grands lui baisèrent la main en signe de foi et d'honneur et les trompettes sonnèrent en l'honneur du nouveau souverain de la Castille.

La guerre civile éclata alors de tous les côtés à la fois, et elle durait déjà depuis longtemps, lorsque Henri eut l'idée de terminer ce déplorable conflit par un arrangement amiable.

Cet arrangement qui rentre directement dans l'histoire de la princesse Isabelle, vient remettre en scène cette jeune princesse, toujours retirée avec sa mère, dans son château d'Arevalo, et déjà parvenue à l'âge de seize ans.

On offrait à Henri de détacher Pacheco, l'âme et le chef du parti des confédérés, en mariant son frère don Pedro Giron, grand maître de l'ordre de Calatrava, avec la princesse Isabelle, sa sœur.

Avec Pacheco de moins, la ligue des confédérés cessait d'être. Henri donc, au lieu de regarder une telle proposition comme un affront fait à sa royale famille, sembla heureux d'obtenir le repos au prix de cette humiliation ; il accepta, et immédiatement, il demanda au pape une dispense, afin que le grand maître fût relevé de ses vœux de célibat et pût épouser la princesse Isabelle.

VIII.

Isabelle, que nous connaissons à peine, était, on se le rappelle, depuis la mort du roi Jean II, son père, retirée avec la reine douairière, dans son château d'Arevalo. — C'est là, sous l'œil maternel, qu'elle avait passé son enfance, et terminé son éducation; elle venait d'atteindre sa seizième année.

La nature semblait l'avoir comblée de tous ses dons. Accoutumée de bonne heure, dès ses plus jeunes années, à une vie sérieuse et occupée, elle avait ainsi puisé dans le silence, l'étude et une piété simple, toutes les vertus qui déjà la distinguaient.

Quand elle n'était qu'une enfant, elle faisait, dans sa solitude d'Arevalo, sa compagnie de toutes les jeunes filles avec lesquelles elle allait prier et le plus souvent porter du secours aux pauvres de la contrée. — Plus tard son esprit s'était formé, son caractère s'était développé, et on remarquait dans tout ce qu'elle entreprenait une volonté qui fut, sur le trône, un des traits les plus marquants de cette énergique nature.

Isabelle s'était donné à elle-même une foule de talents, toujours précieux pour une femme.

Dans ce temps, l'imprimerie venait à peine d'être découverte, les manuscrits seuls étaient les livres en usage, on les enluminait de peintures fines et gracieuses ; on a de la princesse Isabelle des livres d'heures aux marges desquels elle s'était occupée à peindre les sujets de l'Écriture ; elle excellait dans ce genre de peintures. — Ses doigts brodaient en même temps l'or et l'argent sur les précieuses étoffes qui nous ont été conservées, et qui servaient le plus ordinairement aux cérémonies du culte. Son esprit, en même temps, n'était point resté en arrière ; elle avait fait seule tout ce qu'elle avait pu pour le développer. C'est ainsi qu'elle avait sérieusement appris le latin, qu'elle le lisait et le parlait comme si c'eût été sa langue maternelle. — Elle écrivait de même et parlait le castillan avec une admirable pureté.

Isabelle était également habile aux exercices du corps, dont elle devait faire un jour un si remarquable usage. Elle montait bien à cheval, aimait les passes d'armes, les joutes, en un mot tout ce qui lui représentait les hardiesses de la guerre, auxquelles elle devait prendre une si grande part contre les ennemis de sa foi, les Maures de Grenade.

Telle était Isabelle : déjà une personne pieuse, instruite, réfléchie, intelligente et parée de toutes les grâces de la jeunesse, lorsque la proposition de son mariage avec le grand maître de Calatrava, lui arriva.

Isabelle, en dépit de la solitude à laquelle elle avait été condamnée, n'ignorait cependant rien des scandales de la cour du roi son frère ; elle savait aussi ce qu'était ce grand maître de Calatrava, qu'on ne craignait point de lui offrir pour époux.

A cette offre déshonorante, elle s'arma donc de toute son énergie, se retira dans son appartement, se priva de nourriture pendant un jour et une nuit, et, implorant Dieu, elle le conjura de la sauver du déshonneur par sa propre mort. Nous avons, à ce sujet, ses confidences à sa fidèle amie, Béatrix de Bobadilla, à qui elle disait : « Voyez quel est mon malheur! Je suis fille et petite-fille de rois, le sang royal coule dans mes veines, j'ai été élevée en cette qualité, et cependant, je rougis de le penser et de le dire, je me vois destinée à épouser un simple particulier : puis-je souffrir un mariage si indigne et si disproportionné? La douleur et le dépit m'empêchent d'en dire davantage! » — « Dieu ne permettra pas cette alliance, répliqua Béatrix, et je jure par tout ce qu'il y a de plus sacré qu'avant que cela arrive j'irai moi-même enfoncer ce poignard dans le sein du grand maître! »

Heureusement Dieu ne voulut pas que la loyauté de Béatrix fût mise à une si rude épreuve. — Aussitôt que le grand maître eut reçu sa dispense du pape, il avait résigné les dignités de son ordre et s'était mis en marche pour Madrid, suivi d'un brillant cortége d'amis. Mais il avait à peine quitté Almasan et était arrivé à Villarubia, qu'un mal subit s'était emparé de lui, et qu'il était mort, dit Palencia, l'imprécation à la bouche, se plaignant de ce que sa vie n'ait pas été assez prolongée pour jouir de sa belle victime!

Ainsi se trouva écartée par Dieu lui-même qui lui réservait d'autres destinées, la première et honteuse demande qui fut faite de la main d'Isabelle.

IX.

La mort du grand maître ayant ainsi brisé l'arrangement qui devait pacifier les deux partis, les confédérés d'une part et le roi de l'autre reprirent les armes. — La bataille d'Olmedo fut livrée. — Elle fut indécise, et les troubles continuaient, lorsque la mort du jeune Alphonse vint tout à coup ruiner le plan des confédérés. Il mourut à quinze ans à peine, sans qu'on ait jamais bien su comment.

Dans cette conjoncture, les confédérés, loin de se dissoudre, songèrent alors à se donner un autre chef. Ils tournèrent leurs regards vers Isabelle. — Son caractère digne et respecté pouvait contre-balancer la faiblesse présumée de son sexe dans une aussi périlleuse entreprise, et justifier leur choix aux yeux du peuple; ils lui offrirent la couronne.

Isabelle était à Arevalo; on alla l'y chercher et on l'amena à Avila. — Alors, l'archevêque de Tolède, avec l'autorité que lui donnaient et son caractère sacré et sa situation considérable dans le royaume, lui exposa les dangers où se trouvait le pays par les désordres d'une cour corrompue, la faiblesse et l'incapacité du roi, les débauches de la reine son épouse, les adultères publics de cette princesse, les enfants naturels qu'elle avait eus; par la honte enfin qu'il y aurait pour la Castille de voir la couronne tomber sur ces indignes et illégitimes têtes, et lui rappelant quelle était sa naissance, il ajouta que Dieu même l'avait visiblement destinée pour sauver l'honneur de la Castille, en mettant sur sa tête sa glorieuse couronne.

Isabelle, si jeune encore, mais si profondément droite et réservée, écouta les discours de l'archevêque avec attention, et lui répondit ces mots que nous rapportons textuellement, pour bien montrer quelle était déjà sa grande sagesse; à peine âgée de seize ans :

« Je suis très-sensible aux marques d'affection que vous me donnez. Je souhaiterais trouver quelque jour l'occasion de le reconnaître, mais quoique vos intentions soient bonnes, néanmoins la mort précipitée de l'infant don Alphonse mon frère, est une preuve assez évidente que le ciel n'approuve point les résolutions que vous prenez. Que font autre chose les amateurs de la nouveauté, qui ne se plaisent que dans les révolutions des États, si ce n'est

d'exciter les passions, de semer la discorde,
d'allumer les guerres civiles et de mettre tout
en feu? Pour prévenir et pour éloigner tant de
maux, ne serait-il pas beaucoup plus avantageux de tolérer dans les États quelques abus
dont les suites sont moins fâcheuses?

« Le trône est trop étroit pour contenir deux
rois, et l'autorité royale ne peut souffrir de partage. Un fruit précoce et qui mûrit devant la
saison ne se conserve pas longtemps. L'ambition et le désir de régner font peu d'impression
sur mon cœur. — Je désire que la couronne de
Castille ne tombe pas sitôt sur ma tête, que la
vie du roi mon frère soit plus longue et que son
règne ne finisse qu'avec sa vie. Quelques
instances que vous me fassiez, rien ne sera capable de me faire prendre le nom de reine,
avant que la mort n'ait fermé les yeux au roi
mon frère. Rendez-lui la couronne et vous ferez
cesser les maux qui accablent depuis si longtemps la Castille. Je regarderai votre soumission

comme le service le plus signalé que vous puissiez me rendre. Ce sera le fruit le plus doux que je puisse goûter et la marque la plus sensible de votre affection. »

Après des paroles aussi sages et aussi honorables, les confédérés sentirent que rien n'était possible de ce côté. La modération et la délicatesse d'Isabelle leur avait fermé toute issue; il ne leur restait d'autre alternative que de négocier un accommodement avec Henri, dont le caractère se prêtait facilement à toute espèce de réconciliation. Henri, d'ailleurs, malgré la déchéance d'Avila, n'avait point cessé, aux yeux d'une très-grande partie de la nation, d'être le seul roi légitime; tout ce qui avait été fait en dehors de lui n'était que l'œuvre d'une faction, aucun acte des Cortès n'avait confirmé sa déchéance. — Les confédérés, après le refus formel de la jeune Isabelle, firent donc avec le véritable roi, Henri IV, l'arrangement qui suit :

L'infante Isabelle était reconnue et déclarée

princesse de Castille, et héritière présomptive du royaume. On lui donnait pour son apanage et pour l'entretien de sa maison, les villes d'Ubeda, d'Avila, de Médina-del-Campo, d'Olmedo et d'Escalona, avec leurs dépendances. Elle ne pouvait point se marier sans le consentement de son frère. Quant à la reine, épouse de Henri, elle était répudiée pour cause de ses déréglements et renvoyée en Portugal avec Jeanne sa fille, celle qui, la fille présumée de son adultère avec Bertrand de la Cueva, doit jouer bientôt un si triste rôle dans l'histoire d'Isabelle. Une amnistie générale était accordée à tous ceux qui avaient pris les armes contre le roi.

Par suite de cet arrangement conclu entre les deux partis, une entrevue solennelle avait eu lieu à Toros-de-Guisando, dans la vieille Castille, entre le roi et Isabelle sa sœur, la future reine de Castille. Alors, tous les nobles prêtèrent à cette princesse le serment de fidélité et bientôt après, les Cortès réunies à Ocaña reconnurent Isabelle comme seule héritière du trône.

X.

Les nouvelles bases sur lesquelles les droits d'Isabelle au trône de Castille venaient d'être solennellement assis, changèrent bientôt sa situation personnelle, et lui attirèrent l'attention d'une foule de princes qui briguèrent l'honneur de sa main. La couronne de Castille était déjà, à cette époque, l'une des plus considérables du temps.

Parmi ces puissances, on en distinguait trois qui semblaient avoir, concurremment, les chances les plus sérieuses : l'Angleterre, la France et l'Aragon.

L'Angleterre présentait Richard, frère d'Édouard IV, duc de Glocester, de la maison d'York et plus tard roi d'Angleterre, sous le nom de Richard III. Ce prince promettait alors, s'il était agréé par Isabelle, de quitter l'Angleterre pour la Castille, où son ambition satisfaite lui eût épargné les crimes qui souillèrent sa mémoire. Ce prince fut éloigné, son caractère n'inspirant point une confiance suffisante : d'ailleurs, politiquement parlant, les alliances de l'Espagne n'étaient point de ce côté.

La France présentait le propre frère du roi Louis XI, le duc de Guyenne; à cette époque l'héritier présomptif de la couronne de France (Charles VIII ne naquit qu'en 1470). Malgré l'ancienne alliance qui existait entre les familles royales de France et de Castille, surtout depuis l'avénement des Transtamare, les inconvénients de cette union étaient, pour l'avenir, trop sensibles pour échapper à l'attention. D'abord, outre que les deux pays étaient trop éloignés l'un de l'autre pour être régis par un même souverain, le caractère et les institutions des deux peuples étaient, comme aujourd'hui, trop différents pour qu'il fût permis d'espérer les réunir sous le même sceptre. Plus tard, le même essai a échoué. Il y avait plus. Si le duc de Guyenne n'héritait pas de son frère (ce qui eut lieu), il n'était qu'un parti inférieur pour la Castille. Si, au contraire, il devenait roi de France, on devait craindre que le plus petit royaume, la Castille, fût sacrifié au plus grand, et traité comme une simple colonie, ce qui ne pouvait être. Ce second parti fut donc éloigné comme le premier.

Un troisième se présentait, celui d'un prince d'Aragon. Là se retrouvait l'idée qui, déjà plus d'une fois avait tenté les souverains de Castille et d'Aragon pour la réunion des deux couronnes; essais qui jusqu'à ce jour avaient avorté, soit par la jalousie des souverains entre eux, soit par d'autres motifs. Toutefois l'idée restait, et l'avantage supérieur d'une alliance qui ferait des deux peuples de Castille et d'Aragon une seule et même nation, — la *nation espagnole* —, était manifeste.

Ces peuples, en effet, descendaient tous les deux d'une même race, parlaient le même langage et vivaient sous l'influence d'institutions politiques et religieuses qui leur avaient donné une certaine analogie de caractères et de coutumes. En outre, d'après leur position géographique, ils semblaient destinés à n'en former qu'un seul. Réunis, ils pouvaient s'élever au premier rang des monarchies de l'Europe, tandis que, séparés, ils restaient condamnés à un rôle relativement inférieur.

Toutes les préférences étaient donc acquises à l'Aragon.

L'Aragon présentait à Isabelle le prince Ferdinand, fils en secondes noces du roi Jean II d'Aragon avec la princesse Henriquez, de sang royal. Le prince Ferdinand était né le 10 mars

1452; il avait alors 17 ans, un an de moins que celle dont il ambitionnait la main.

Des ambassadeurs furent donc envoyés à Isabelle pour lui demander son agrément; ils étaient revenus avec une réponse favorable : le prince Ferdinand était agréé.

Cette réponse fut reçue avec autant de joie par le roi d'Aragon que par son fils. Ce monarque, qui était l'un des princes les plus distingués de cette époque, sentait plus que nul autre l'importance de réunir les deux monarchies dans une seule main. Afin de donner à son fils une plus grande situation aux yeux d'Isabelle, il lui avait conféré le titre de roi de Sicile, et l'avait déjà tellement associé au gouvernement du royaume d'Aragon, que, même de son vivant, ce jeune prince pouvait passer à tous les yeux pour le véritable chef de cette monarchie.

Toutefois, à ce mariage un peu précipité, il y avait un inconvénient.

Isabelle s'était engagée à ne point choisir

d'époux sans le consentement du roi son frère. Henri, depuis cet arrangement, ayant tout à coup oublié sa parole, avait recommencé, d'accord avec Pacheco, ses intrigues en faveur de Jeanne; il avait fait plus, il avait essayé d'encourager le vieux roi de Portugal à demander la main d'Isabelle; il avait fait plus encore, il avait essayé d'obtenir par la force le consentement d'Isabelle à ce mariage, en la menaçant de l'enfermer dans la forteresse de Madrid.

Tout fut inutile et rien ne put vaincre la décision d'Isabelle; le peuple lui-même l'encourageait ouvertement dans sa préférence. Dans les rues, les enfants paradaient en portant des bannières aux armes d'Aragon et en chantant des vers prophétiques à la gloire de cette union. Isabelle, forte de ces témoignages, forte des traitements oppressifs de son frère, aussi bien que de son manque de foi, se décida alors à se passer de son royal consentement, et consentit à signer préalablement les articles qui devaient régler la situation respective des deux époux.

Ces articles, très-remarquables en ceci qu'ils réservaient à Isabelle dans le gouvernement de la Castille la direction suprême et personnelle de tous actes, en dehors de son époux, sont ceux-ci.

« Tant que vivrait le roi Henri, il conservait la couronne et tous ses droits. Après la mort de ce prince, l'infante Isabelle avait seule le gouvernement de la Castille; — toutes les affaires s'y réglaient en son nom propre, sans que don Ferdinand son époux pût s'en mêler, — ni faire aucune grâce de sa propre autorité, — ni disposer de la moindre charge en faveur d'aucun étranger, — ni violer en aucune façon les droits, franchises, libertés, priviléges du royaume; — il ne pouvait se mêler du gouvernement du royaume que sous l'agrément de la reine.

« Ferdinand devait s'engager en même temps à poursuivre la guerre contre les infidèles;

enfin le contrat se terminait par la réserve pour Isabelle d'un douaire beaucoup plus considérable qu'il n'était d'usage de le constituer alors. »

On voit clairement, d'après les termes de ce contrat, avec quel soin jaloux et prémédité, l'action personnelle de la princesse et de la future reine Isabelle sur le gouvernement de la Castille, était réservée; et comment s'explique alors la part indépendante et directe que conserva, pendant tout son règne, cette princesse sur le gouvernement séparé de son royaume de Castille, en dehors du roi son époux.

Le prince Ferdinand ne fit nulle opposition à agréer ce contrat. Le 7 janvier 1469, étant à Cervara, il y apposa sa signature.

Restait l'exécution, c'est-à-dire le mariage, mariage qui va faire de l'Espagne une seule nation et une grande monarchie.

XI.

Plus d'une difficulté se présentait. Henri et Pacheco, décidés à s'emparer d'Isabelle, guettaient ses moindres démarches. Isabelle avait alors quitté Ocaña où elle n'était pas en sûreté et s'était rendue à Madrigal. A Madrigal, rejointe par un petit corps de cavalerie qui lui fut amené par l'archevêque de Tolède, elle avait gagné Valladolid où elle avait été reçue par ses partisans avec enthousiasme; cette ville était pour elle. Pendant ce temps-là, le prince Ferdinand partait de Saragosse et se dirigeait vers la Castille, pour aller y rejoindre sa fiancée.

Ferdinand, de son côté, avait aussi tout à redouter d'Henri et de Pacheco, intéressés tous les deux à s'emparer de sa personne, s'ils le pouvaient et à faire aussi manquer ce mariage. Des troupes furent donc envoyées de tous côtés pour essayer de couper la route du prince, et tout le pays était éclairé par des corps de cavalerie aux ordres des Mendoza, depuis la ligne frontière de l'Aragon, jusqu'à Guadalajara.

Les plus grandes précautions devaient donc être prises par Ferdinand, s'il voulait arriver sans accident à Valladolid; il imagina alors le stratagème suivant, afin de déjouer la surveillance de ses ennemis.

Ferdinand se déguisa en marchand, ainsi que ses sept compagnons. Ils étaient tous les sept montés sur des mules ; d'autres mules chargées d'étoffes et de marchandises les suivaient. On marchait principalement la nuit, et le matin, quand on arrivait à l'auberge où on passait la journée à dormir, c'était le prince qui, portant le costume de domestique de la troupe, soignait les bêtes et leur donnait à boire et à manger. Les repas des sept compagnons, se prenaient toujours à part, loin des yeux des autres voyageurs ou des habitants du village où l'on s'arrêtait.

De cette façon, et sans autre accident que celui d'avoir oublié dans l'auberge la bourse qui contenait les fonds de l'expédition (bourse qu'on alla aussitôt rechercher), les prétendus marchands arrivèrent une nuit à un petit endroit nommé El Burgo. L'un des partisans d'Isabelle, le comte de Trévino, l'occupait avec un corps de troupes considérable. Harassé de fatigue, le prince frappa à la porte. La réponse fut une grosse pierre lancée par la sentinelle du haut du créneau; elle passa si près de la tête du prince qu'il faillit en être tué; il appela alors, et sa voix ayant été reconnue par les amis de l'intérieur qui l'attendaient, les portes s'ouvrirent et nos sept marchands introduits dans la place y furent reçus avec une joie inexprimable.

Le reste du voyage se fit avec l'appui des

troupes du comte de Trevino, et le 9 octobre, Ferdinand atteignait Dueñas, où les seigneurs de Castille qui l'attendaient s'empressaient de lui rendre hommage.

La nouvelle de l'arrivée romanesque de Ferdinand à Dueñas, jeta une grande joie dans la petite cour d'Isabelle, à Valladolid, et on ménagea aux deux futurs époux leur première entrevue ; elle eut lieu le 15 octobre. Ferdinand, parti de Dueñas, était arrivé le matin même à Valladolid. Reçu par l'archevêque de Tolède, il fut aussitôt introduit auprès d'Isabelle ; cette entrevue dura deux heures, après quoi le mariage fut fixé au 18 octobre (1459).

Isabelle, toutefois, se crut obligée d'en prévenir auparavant le roi son frère, et elle lui écrivit une lettre respectueuse, dans laquelle, lui annonçant ce grand événement, elle développait longuement les avantages de cette union pour le bien des deux pays ; elle finissait en l'assurant de sa profonde soumission, ainsi que de celle de son nouvel époux. Henri ne répondit point.

Les préparatifs terminés, la cérémonie du mariage eut lieu le 18 octobre. Elle se fit, sans grand apparat, (on avait peu d'argent,) dans le palais de Juan de Bivero, résidence temporaire de la princesse, devenue depuis la chancellerie de Valladolid.

Au jour dit, la chapelle du palais Bivero, étincelait de lumière ; l'assistance se composait de deux mille personnes à peu près. On y voyait tous les nobles de la contrée, en armes, suivis de leurs hommes. Du côté d'Isabelle, on remarquait l'archevêque de Tolède, l'amirante de Castille, le comte de Trevino, le comte de Buendia. Du côté de Ferdinand, tous ceux qui l'avaient accompagné, dans son romanesque voyage.

Isabelle parut la première. Elle était accompagnée de la reine douairière sa mère et de Beatrix de Bovadilla, son amie.

Isabelle atteignait alors sa dix-huitième année. Sa taille était au-dessus de la moyenne, son teint était blanc, sa peau fine et transparente, ses cheveux d'un châtain brillant, inclinaient un peu vers une couleur plus vive. Ses yeux étaient d'un bleu tendre, ils exprimaient l'intelligence et la sensibilité ; tous ses traits indiquaient une grande sérénité de caractère ; on y lisait l'heureuse harmonie des qualités qui la distinguaient, des sentiments qui l'inspiraient. Ce jour-là, plus qu'en nul autre peut-être, elle paraissait heureuse et fière du parti qu'elle avait pris seule ; et tout, dans son air, dans sa démarche, dans son regard, lorsqu'elle entra dans l'église et alla s'agenouiller au pied de l'autel ; révélait son bonheur.

Ferdinand, son époux, arriva après la princesse. Il avait un an de moins que sa fiancée. Il était blond, quoiqu'un peu bruni par le soleil. Son œil était voilé, son front large et découvert annonçait l'énergie. Ses formes musculeuses et proportionnées avaient été de bonne heure fortifiées par les exercices et par les fatigues de la chevalerie. C'était un des meilleurs cavaliers de son temps. Sa voix, toutefois, était rude, et on apercevait dans sa tournure, dans sa démarche, quelque chose de heurté, qui annonçait un caractère entier et peu facile. Son éducation, d'ailleurs, avait été fort négligée. Les lettres lui étaient complétement étrangères, il avait concentré toutes ses viriles facultés dans l'organisation des armées.

Tout étant disposé, ce fut l'archevêque de Tolède lui-même qui donna aux époux le sacrement, et qui unit indissolublement ceux qui, plus tard, devaient réunir sur les mêmes têtes les deux couronnes de Castille et d'Aragon, trop longtemps séparées.

Les époux, selon l'usage, allèrent ensuite entendre la messe dans l'église collégiale de Sainte-Marie.

Tel fut ce grand mariage. Cet événement

était, on le comprend, le plus rude échec aux plans des ennemis d'Isabelle; aussi, dès les premiers jours, résolurent-ils d'en tirer une vengeance éclatante.

XII.

Henri, si peu sûr de lui-même, s'y laissa facilement entraîner par Pacheco, son maître. Sa tendresse pour sa fille présumée, la princesse Jeanne, lui revint au cœur, et il alla l'offrir au frère du roi de France, Louis XI; au duc de Guienne, le même qui avait été refusé par Isabelle. On offrait à la France, comme conditions : la preuve de la légitimité de cette princesse, puis sa reconnaissance comme seule héritière du trône de Castille.

A la nouvelle de cette intrigue, Isabelle

trembla, et elle avait raison, car, après quelques hésitations, le roi de France avait consenti au mariage, et dans un couvent appelé Paular, situé dans la vallée de Loyola, Henri et les ambassadeurs français avaient déclaré Isabelle déchue de ses prétentions, et la princesse Jeanne seule héritière légitime du trône. L'épouse du roi Henri, elle-même, qui savait mieux que personne à quoi s'en tenir, affirma cette légitimité.

Isabelle et son époux, retirés dans leur petite cour de Dueñas, ne prirent que peu de souci de cette décision, qui touchait une princesse à peine âgée de neuf ans. Les provinces de la Biscaye, du Guipuscoa, de l'Andalousie, la famille de Medina-Sidonia, l'archevêque de Tolède, et une foule d'autres seigneurs attachés à la cause d'Isabelle, regardèrent cette reconnaissance de la princesse Jeanne comme une vaine comédie, et continuèrent cette politique sage et réservée qui bientôt devait les faire triompher de tant d'intrigues.

Les désordres qui affligeaient alors la cour du roi Henri IV devaient, en effet, bientôt lui aliéner tous les esprits et rattacher à la cause d'Isabelle le pauvre peuple opprimé.

La cour était le théâtre de tous les plaisirs, de la débauche. Le domaine royal était presque en entier partagé entre les favoris. Pacheco avait reçu la grande maîtrise de Saint-Jacques et la ville d'Alcaras, — le comte d'Arcos, la ville de Cadix, — Cabrera, une province tout entière. La reine, de son côté, cette licencieuse épouse, ne perdait pas son temps. — Échappée de son château d'Alohejos, où elle avait été enfermée, elle y avait laissé trois enfants qu'elle avait eus du dernier des hommes; chez elle le libertinage était descendu au plus bas degré qui se puisse concevoir : elle était bien la mère prostituée de l'illégitime Jeanne et la concubine de Bertrand de la Cueva.

Avec ces exemples, la pauvre Castille était tombée dans le plus déplorable désordre. La justice n'existait plus. Les crimes se commettaient avec une audace qui menaçait les bases mêmes de la société. Les nobles poursuivaient leurs griefs avec des forces qui eussent pu tenir tête aux princes les plus puissants. Le duc de l'Infantado pouvait seul lever mille lances et dix mille fantassins. L'Andalousie principalement était le théâtre de ces sauvages exploits. Cette grande contrée était partagée en deux factions, celle des Gusman et des Ponce-de-Léon. — Partout on voyait dans les campagnes des troupes de soldats courant à l'aventure, incendiant les maisons et coupant les blés. La terreur était devenue si grande que le labourage n'était plus possible que sous les murs des villes, et il s'en était suivi une telle disette que les objets nécessaires à la vie n'étaient plus guère qu'à la portée des riches.

Dans les villes, le désordre était le même. — Les vols et les meurtres y avaient tellement effrayé les habitants que nul n'osait sortir de sa

maison, même le jour. Cette terreur dura jusqu'à ce que la sécurité publique y eût remédié.
— On avait créé une espèce de garde bourgeoise ; chaque ville avait la sienne, avec une organisation et des attributions particulières. C'était la fraternelle association des bons contre les méchants.

Telle était la partie de la Castille sur laquelle régnaient les ministres de Henri IV, et encore omettons-nous les détails dégoûtants des crimes et des misères qui furent le résultat d'un tel gouvernement. Les chroniques du temps les peignent avec une horrible vérité.

En regard du calme et du bien-être qui régnait dans la partie de la nation, volontairement soumise au gouvernement d'Isabelle, on peut juger de l'attachement que cette princesse avait déjà inspiré à ses heureux sujets ; aussi déjà, de toutes parts, un mouvement général de préférence et d'adhésion s'était-il prononcé ; lorsque la mort de l'indigne favori du roi, de

Pacheco, vint apporter quelque calme dans cette situation, comme aussi quelque changement dans les dispositions d'Henri pour sa sœur Isabelle.

Pacheco, qui avait essayé de faire arrêter Isabelle en l'invitant à une entrevue amiable avec le roi son frère, se dirigeait vers le château de Truxillo qu'il voulait arracher à Isabelle; lorsqu'un mal subit s'était emparé de lui. — Rejetant le sang par la bouche, les oreilles et les narines, il avait expiré en quelques heures.

Pacheco mort, l'accord entre Isabelle et le roi son frère devenait plus facile; et, en effet, des projets d'accommodement avaient été repris par l'entremise de Cabrera, et ils étaient en grande voie de réussite, lorsque la Providence, qui veillait sur la Castille, vint marquer la fin de tant d'hostilités, d'angoisses et de misères par la mort du roi lui-même.

Le 12 décembre 1474, Henri IV, accablé d'infirmités, de chagrins, de remords, mourait sans proférer une parole, et presque seul. Il avait quarante-cinq ans, il en paraissait soixante.

Henri mourait sans testament, et sans désigner de vive voix son successeur : fait remarquable non-seulement parce qu'il était contraire à l'usage, mais parce qu'il arrivait au moment où la succession au trône était si chaudement disputée. Certains y virent la preuve de l'illégitimité de sa prétendue fille, la princesse Jeanne, et aussi la preuve du remords qu'il aurait eu, à sa dernière heure, de léguer la grande couronne de Castille à une bâtarde, au détriment de la princesse Isabelle.

La mort du roi Henri IV ouvrait toutefois à Isabelle, avec la succession au trône, cette guerre de succession qui ne va pas durer moins de sept ans.

1474 — 1481

CHAPITRE II.

SOMMAIRE.

1473-1481. — Avénement d'Isabelle au trône de Castille. — Sa reconnaissance solennelle par les États. — Contestations. — Suprématie de la Castille. — Commencement de la guerre de succession. — Isabelle et Jeanne. — La Bertrandeja. — Attaque de la ville de Toro. — Le Portugal. — Propositions d'arrangement. — Noble refus d'Isabelle. — Bataille décisive de Toro. — La France reconnaît la royauté d'Isabelle. — Mort du roi d'Aragon, père de Ferdinand. — Réunion définitive des deux couronnes de Castille et d'Aragon. — La Bertrandeja prend le voile à Coïmbre. — Situation de la Castille à l'avénement d'Isabelle. — Son histoire dès les premiers âges. — Ce qu'on appelle la *Reconquista*. — Son gouvernement intérieur. — Villes et communes. — La noblesse. — Le clergé. — La royauté. — Décadence successive de l'autorité royale jusqu'à Isabelle. — L'Aragon. — Ses conquêtes. — La Catalogne. — Ville de Barcelone. — Son importance. — Constitution spéciale de la royauté en Aragon. — Réformes et plans d'Isabelle.

CHAPITRE DEUXIÈME.

I.

Isabelle, surnommée depuis *la Catholique*, monta sur le trône de Castille à la mort de son frère le roi Henri IV. Elle avait vingt-trois ans. Le prince Ferdinand d'Aragon son époux, était alors en Aragon et ne put assister à sa reconnaissance comme seule héritière légitime du royaume de Castille.

Le roi Henri IV était mort le 12 décembre 1474. Le lendemain même, Isabelle était arrivée à Ségovie et avait demandé à être solennellement reconnue et proclamée.

Le 13 décembre en effet, une assemblée composée de magistrats, de membres du clergé et des seigneurs alors à Ségovie, allèrent l'attendre à son palais et l'accompagnèrent ainsi jusqu'à la grande place de la ville.

Là, une grande estrade avait été dressée.

Isabelle arriva à cheval, revêtue des habits royaux ; la bride de son cheval était tenue par deux magistrats de la ville; devant elle marchait le comte de Benavente, tenant à la main l'épée, signe de la souveraineté.

Isabelle, au pied de l'estrade, descendit de cheval, monta majestueusement les degrés, et s'assit sur ce trône qui devait être un jour, et bientôt, si glorieux à l'Espagne tout entière.

Un héraut d'armes, s'écria alors : « Castille, Castille pour le roi Ferdinand et son épouse

dona Isabelle, reine propriétaire de Castille ! »
Des cris répétés de toute la foule répondirent,
les trompettes sonnèrent, les étendards de Castille flottèrent au vent, et au son des cloches et
des décharges de l'artillerie, la reine Isabelle
reçut le serment de ses sujets. A son tour, et la
main sur les Évangiles présentés par le cardinal
d'Espagne, Isabelle jura de respecter et de maintenir les lois et les libertés du royaume.

Descendue de l'estrade, elle fut conduite
alors à la cathédrale, pour y rendre grâces à
Dieu et entendre le *Te Deum* chanté à cette
occasion. En février suivant, les États assemblés
à Ségovie, sanctionnèrent cette première reconnaissance en proclamant solennellement Isabelle, comme seule et unique *reine propriétaire*
de Castille.

Ce titre de *reine propriétaire* avait en Castille
une signification toute personnelle et particulière. Il indiquait que la propriété de la couronne venait de la reine elle-même, comme

castillane, et non de l'époux qui aurait pu la lui conférer par son mariage avec elle. C'est ainsi que les reines étrangères qui avaient épousé un roi de Castille, étaient reines, mais non pas *reines propriétaires*, parce qu'elles n'étaient point de sang castillan. Vis-à-vis du peuple de Castille, cette différence avait une grande signification, et ce titre, un grand prestige de popularité et de nationalité.

Ferdinand, dès qu'il avait appris la reconnaissance de la reine Isabelle, s'était hâté de quitter l'Aragon, où il était sérieusement occupé de sa guerre du Roussillon, et était promptement arrivé à Ségovie, afin de se faire, pensait-il, également reconnaître comme roi de Castille; en sa qualité, disait-il, de prince du sang le plus proche de la maison des Transtamare.

Ici, un grave conflit s'éleva, conflit qui au début d'un règne, et d'un règne contesté par les partisans de la princesse Jeanne, eût pu avoir les suites les plus dangereuses.

CHAPITRE DEUXIÈME.

Les Aragonais et les Castillans n'avaient jamais pu s'entendre en quoi que ce soit : c'étaient deux peuples de mœurs, de coutumes, d'ambitions rivales, aussi difficiles à se gouverner, avait dit un roi, qu'à être gouvernés; bien plus difficiles encore à accorder.

L'Aragon prétendait donc que Ferdinand, époux de la reine, était par cela même, *roi de Castille* et il sollicitait plus que vivement, impérieusement, les États de Ségovie de le reconnaître en cette qualité souveraine.

La reine Isabelle, avec toute la douceur, mais en même temps avec toute la fermeté qu'elle tenait de son droit; avec la sagesse que déjà à un âge aussi tendre, elle apportait en toutes choses, fit observer à son époux combien il serait dangereux, dans un moment où les partisans de la princesse Jeanne contestaient jusqu'à la légitimité de sa qualité, de se montrer ainsi désunis, et au contraire, quelle puissance donnerait à leur cause, légitime d'ailleurs, l'union de toutes leurs forces. Ferdinand devait savoir d'ailleurs, quelles étaient, en semblable circonstance, les lois de la Castille : déjà dans son contrat de mariage qu'il avait signé, les conditions de complète indépendance et souveraineté de la reine, avaient été réservées de la manière la plus expresse ; il ne put donc que se soumettre et abandonner, à regret peut-être, les prétentions que lui avaient suggérées les États et les jurisconsultes aragonais.

La forme du gouvernement de la Castille fut alors arrêtée d'un commun accord, elle est remarquablement explicite, et confirme de la manière la plus claire et la plus nette, les droits et les pouvoirs indépendants de la reine.

Les voici :

1° Dans les armes royales, celles de Castille devaient être à main droite, celles d'Aragon à main gauche.

2° Tous les actes publics, les ordonnances, lois, et la monnaie, devaient mettre ensemble le nom du roi Ferdinand, et celui de la reine Isabelle.

3° Tous les gouverneurs des provinces et des villes de Castille devaient être nommés par la reine Isabelle. Seuls, les châteaux et places étaient à elle appartenants. Les trésoriers des finances faisaient serment entre ses mains d'administrer les revenus de la couronne en son nom seul.

4° Les provisions des évêchés et autres bénéfices ecclésiastiques étaient faites au nom des deux époux, mais c'était la reine seule qui pouvait les conférer aux personnes de son choix.

5° La justice devait s'administrer de concert avec leurs communs sujets; mais lorsqu'ils seraient séparés, chacun d'eux pouvait la rendre dans le lieu où il se trouverait.

6° Enfin, le titre de reine propriétaire de Castille, lui donnait sur ce royaume les droits particuliers qu'il comportait.

On le voit, dans cette union des deux époux, et plus tard des deux couronnes (le prince Ferdinand n'ayant apporté à Isabelle la couronne d'Aragon que cinq ans après, à la mort de son père), tous les priviléges, tous les droits, tous les pouvoirs étaient scrupuleusement réservés à la Castille; et de ces deux souverains, unis par les mêmes intérêts, Isabelle, en dehors de son époux, demeurait réellement la seule *reine;* comme elle le fut plus tard, de l'Espagne tout entière.

II.

La Castille avait hérité depuis longtemps de cette suprême prééminence. Dès les commencements de son existence, elle avait, pour ainsi dire, représenté en Espagne, et dans toute l'Europe, la seule grande puissance de la Péninsule.

C'étaient les premiers comtes de Castille qui, répondant au cri d'indépendance poussé dans les montagnes des Asturies par les chrétiens, avaient pris aussi les premiers les armes contre l'invasion des infidèles, maîtres de l'Espagne tout entière. C'étaient tous les nobles castillans qui, chacun dans leurs provinces, avaient successivement et peu à peu, conquis, l'épée à la main, le territoire de la patrie. Plus tard, c'étaient les rois de Castille qui, appelant à eux les rois de Navarre, de Portugal et d'Aragon, avaient livré et gagné sur les infidèles les grandes batailles de Calatanazor et de Las Navas. C'étaient les rois de Castille qui, dans la grande œuvre de la conquête (*la reconquista*) avaient successivement repris Tolède, Cordoue, Séville et planté leur étendard sur les mosquées des Arabes. C'étaient les trois grands ordres militaires de la Castille, Santiago, Calatrava, Alcantara, qui toujours au premier rang des combattants, avaient partout versé leur sang pour l'affranchissement de la patrie : la Castille était partout où l'on se battait; —le Cid était Castillan.

La langue castillane était celle de toute l'Espagne. Les ballades, les romances, les chansons, les récits des chevaliers, les chroniques, étaient écrits en castillan ; c'était une tradition qu'on se passait d'âge en âge ; la mère les apprenait à ses enfants en les chantant sur ses genoux, et vraies ou fausses, on les croyait comme de l'histoire, comme on croit toujours ce que l'on a chanté !

Toute la littérature des siècles antérieurs au règne d'Isabelle, était due à la Castille ; la noblesse castillane l'avait revendiquée comme son patrimoine. — Villena, Santillane, Meña, étaient Castillans. Avec ces grands et illustres amis des muses, la langue castillane avait achevé de devenir fière, élégante, élevée, empreinte des tournures majestueuses qu'on retrouve encore de nos jours, partout où elle est noblement parlée et écrite.

Tel était le rôle fameux que la Castille avait joué dès les premiers jours, en Espagne, tel fut celui qu'elle doit jouer encore sous le règne que nous écrivons.

L'Aragon, assurément, avait eu aussi de son côté son histoire et sa successive extension. Ses rois valeureux avaient, eux aussi, jaloux qu'ils se montrèrent toujours de la suprématie de la Castille, leurs gloires et leurs conquêtes. La Catalogne, Majorque, Murcie, Valence, avaient été, sur la terre espagnole, des acquisitions considérables, mais leur effort principal avait toujours été plus particulièrement dirigé au dehors. Au moyen de leurs puissantes flottes, l'Italie et la Sicile avaient offert à leur ambition un attrait particulier; au lieu d'avoir fait, comme la Castille, leur croisade et leurs conquêtes au dedans de la Péninsule, ils l'avaient faite au dehors; d'où l'on peut apercevoir et sentir, combien plus le peuple se sentait de sympathie patriotique et nationale pour la Castille que pour l'Aragon; ce dernier étranger par plus d'un côté aux intérêts comme à la gloire de la mère patrie.

La situation propre et personnelle de la reine Isabelle ainsi établie, sa prééminence sur ses destinées et sur l'avenir de l'Espagne ainsi reconnue; les événements qui vont suivre la marqueront bien plus encore.

III.

Une fois reconnue et proclamée reine, Isabelle pensa fort sagement que son premier soin devait être de combattre et de mettre à néant les prétentions de sa rivale, la princesse Jeanne.

Le parti de la princesse Jeanne avait son importance. Les Mendoza, les Zuniga, les Velasco, les Pimentel étaient des seigneurs puissants. Le marquis de Villena, le duc d'Arevalo, le grand maître de Calatrava disposaient de forces considérables.

Une ligue s'était formée entre eux, et d'un commun accord, ils avaient offert au roi de Portugal la main de la princesse Jeanne, s'il voulait les aider.

Le roi de Portugal, Alphonse V, était ambitieux : joindre à ses États la Castille s'il réussissait, c'était faire du Portugal un grand État. Il accepta donc, et se laissa fiancer à la jeune princesse Jeanne, qui alors n'avait que treize ans.

A cette nouvelle et aux préparatifs formidables faits en Portugal et en Castille par les seigneurs que nous venons de nommer, Isabelle sentit toute la gravité du danger ; elle rappela auprès d'elle Ferdinand son époux, et commença à prendre toutes les mesures nécessaires pour repousser cette attaque dangereuse.

Tous les seigneurs castillans furent immédiatement appelés aux armes, et en peu de temps une armée considérable était réunie sous les ordres de Ferdinand qui en avait pris le commandement.

La guerre de succession commençait.

IV.

Le roi de Portugal, surnommé l'Africain, à cause de ses victoires sur les Maures d'Afrique, entrait en Castille vers les premiers jours de mai 1474. Il avait avec lui son fils, le prince Jean, jeune homme bouillant, brave et téméraire, très-sympathique au soldat. Son armée était nombreuse, quatorze mille hommes d'infanterie, six mille chevaux : vingt mille hommes. — Après une proclamation par laquelle il affirmait les droits de Jeanne à la couronne de Castille, il entrait par l'Estramadure, où il se joignait à la plupart des confédérés castillans.

Isabelle et Ferdinand, de leur côté, s'étaient également avancés à leur rencontre. — L'armée d'Isabelle s'élevait à environ trente mille hommes, dont huit mille chevaux; elle était composée de milices principalement tirées des montagnes et des provinces du Nord, qui les premières avaient voulu montrer à Isabelle, comme aux jours de la reconquête, leur dévouement et leur ardeur.

Dans la précipitation avec laquelle cette armée avait été mise sur pied, déjà on avait pu voir quelle avait été l'action, la vigueur et les soins de la jeune reine. Sans cesse le jour et la nuit occupée de l'organisation des divers corps, elle dictait des dépêches, allait à cheval par la plaine ou la montagne recevoir, visiter les contingents qui arrivaient; déjà elle était l'âme et le chef de l'armée. — Ces fatigues furent la cause de la fausse couche qu'elle fit à Tolède; elle s'en releva promptement.

Ferdinand et son armée arrivèrent dans les

plaines de l'Estramadure vers le milieu du mois de juillet. Les deux villes importantes de Toro et Zamora étaient déjà aux mains des Portugais lorsqu'il arriva. Elles avaient été livrées au roi Alphonse par les seigneurs castillans, du parti de Jeanne.

Ferdinand, dès le premier jour, investit Toro. Il avait peu d'artillerie; ses milices étaient mal disciplinées. — Après quelques semaines, les convois de vivres qui ravitaillaient son armée ayant été partout coupés par l'ennemi, sa retraite fut chose forcée. — Cette retraite dégénéra bientôt en déroute, et l'on vit cette première attaque des armes d'Isabelle se traduire en un véritable échec. C'était pour sa cause un grave désastre.

Heureusement, le Portugal ne sut point en profiter. Son armée s'enferma dans Toro, et pendant ce temps, de nombreux corps de cavalerie castillane, venus des provinces voisines de l'Andalousie, se répandirent sur toute la frontière de Portugal, y entrèrent même et y commirent de tels dégâts que le roi de Portugal, le premier, se voyant coupé sur ses derrières, et prêt à être obligé de capituler dans Toro, fut le premier à ouvrir une négociation avec la Castille. La demande du roi de Portugal n'était pas moindre que celle-ci. Il résignait ses droits à la couronne de Castille du chef de la princesse Jeanne sa fiancée de quatorze ans, moyennant la cession au Portugal de « toute la Galice, des villes de Toro et de Zamora qu'il occupait, et, en outre, d'une somme d'argent considérable qui lui serait payée pour frais de guerre. »

On dit que Ferdinand et ses ministres n'auraient pas été opposés à faire cette cession, mais ils comptaient sans la reine Isabelle.

Isabelle, la reine propriétaire de la Castille, celle qui la tenait de son propre chef, en sa propre possession; céder à la première action de guerre de son règne, au premier échec, une portion du territoire qui lui appartenait, une portion de sa chère et fière Castille! — On ne la connaissait point.

A ces premières paroles, elle ne laissa point continuer l'envoyé qui les proposait, le congédia fièrement, et, prenant à elle seule la direction de cette guerre, trop lourde, paraissait-il, pour d'autres, elle se rendit immédiatement à Medina-del-Campo, y assembla les états, et exposa la situation. Elle était déplorable : le trésor royal était épuisé par les prodigalités funestes du dernier roi, les derniers armements l'avaient complétement vidé.

Aux paroles de leur jeune reine, les états, enflammés d'un sentiment patriotique qu'ils ne démentirent jamais, prirent une résolution digne d'eux. Ils proposèrent de faire céder au trésor toute l'argenterie des églises du royaume, sauf compte avec elles, en des temps plus prospères. Isabelle, que ses principes religieux eussent peut-être éloignée d'une semblable mesure, l'agréa cependant, en vue de la nécessité, et, munie des fonds que représentait cette riche argenterie (plus de trente millions de maravédis, dit la chronique); elle repartit immédiatement avec une nouvelle armée pour les plaines de Toro et de Zamora, toujours occupées par les Portugais, qui y souffraient d'ailleurs beaucoup. Zamora fut l'objet de la première attaque des Castillans; elle réussit, et au bout de quelques jours les troupes de la reine y entraient. De Zamora à Toro, il n'y a qu'un pas : fière et animée par son premier succès, l'armée d'Isabelle, commandée par Ferdinand, arriva devant Toro presque instantanément.

Dans la plaine qui s'étend sous les murs de la forteresse, Ferdinand trouva l'armée portugaise déjà rangée en bataille. Le fils du roi, le vaillant prince Jean, et l'archevêque de Tolède, cet ennemi puissant d'Isabelle, étaient aux côtés d'Alphonse.

Ferdinand prit aussitôt position, et l'action commença.

Elle fut courte et décisive ; les Castillans enfoncèrent partout les Portugais, les percèrent de part en part, et les chassèrent instantanément. L'étendard royal de Portugal lui-même, porté par le brave d'Almeyda, ne tomba au pouvoir des Castillans qu'avec le bras de cet intrépide chevalier, et le soir, la plaine de Toro jonchée de morts, et les eaux du Duero roulant des cadavres, attestèrent à tous la victoire définitive et complète des armes de la reine Isabelle.

Quant au roi de Portugal, on ne le vit plus dès les premières heures du combat. Il n'eut, dit-on, que le temps de s'échapper, suivi de quelques officiers, au galop de son cheval.

La reine, qui était à Tordesillas, en apprenant cette heureuse nouvelle, se rendit immédiatement à la cathédrale pour en remercier Dieu : on dit qu'elle y alla pieds nus.

Après cet échec des partisans de Jeanne, l'un d'eux, le plus puissant, l'archevêque de Tolède, fut le premier à faire sa soumission et à rentrer sous la domination, d'ailleurs très-douce, de la reine Isabelle. C'était pour elle un grand et précieux appui.

Zamora se rendit bientôt après. Cette grande bataille de Toro, qui décidait presque des destinées d'Isabelle, se livrait en 1476.

Ce fut alors que le roi de Portugal imagina de passer en France avec la princesse Jeanne, sa fiancée, pour y réclamer le secours de Louis XI contre Isabelle.

L'Aragon, à cette époque, était engagé avec la France dans une guerre malheureuse, la guerre du Roussillon. Les armées aragonaises, tantôt victorieuses, tantôt vaincues, avaient fini par être obligées de céder. Les places les plus importantes du comté de Roussillon étaient restées à la France, et Ferdinand, l'époux d'Isabelle, avait été le premier à conseiller à son vaillant père, qui s'en défendait jusqu'à la dernière heure, de traiter avec le monarque français.

Enfin, en 1478, le 9 octobre, une paix définitive avait été signée à Saint-Jean-de-Luz entre la France et l'Aragon, et comme dédommagement, le roi Louis XI, voulant donner à Ferdinand (l'époux de la reine), une preuve de sa grande estime; avait reconnu Isabelle pour seule et légitime reine de Castille.

Cette reconnaissance de la reine Isabelle par la France était un grand fait, elle affermissait la couronne sur la tête de cette jeune princesse. Un autre événement vint l'affermir autant et plus encore.

V.

L'année suivante, le 19 janvier 1479, le vieux roi d'Aragon, père de Ferdinand, était mort de vieillesse et de fatigue à Barcelone, en laissant sa couronne d'Aragon à son fils. Au moment de rendre son âme à Dieu, Jean, entouré de ses enfants, de tous ceux avec lesquels il avait fait de si grandes choses, vit avec un sentiment d'orgueil son fils Ferdinand, déjà depuis quatre ans l'époux de la reine de Castille, prêt à réunir dans ses mains les deux grands royaumes qui s'étaient combattus depuis si longtemps. Après ce grand fait, attendu depuis près de huit siècles, Jean mourait glorieux et sans regrets.

C'est de cette époque seulement que les deux couronnes furent réunies et que l'écusson royal d'Espagne porta les lions de Castille et les tours d'Aragon, accouplés dans le même blason. La grenade qui se voit au bas de l'écusson viendra plus tard, on verra pourquoi.

Isabelle était en Estramadure, au milieu de ses troupes victorieuses, quand elle apprit la mort du roi, père de son époux, et sa propre reconnaissance par le roi de France.

Cette reconnaissance amena en même temps,

de la part du roi de Portugal, qui alla mourir bientôt après dans le couvent de Cintra, un traité d'après lequel il renonçait à la main de Jeanne, ainsi qu'à ses prétentions sur la couronne de Castille. La princesse Jeanne, de son côté, devait, d'après ce traité, soit quitter le Portugal pour toujours, soit épouser le fils de Ferdinand et d'Isabelle, à peine né, quand il serait en âge de se marier; soit se retirer dans un couvent et y prendre le voile : le tout dans un délai de six mois.

Jeanne s'arrêta à ce dernier parti, elle prit le voile et se retira dans le couvent de Sainte-Claire, à Coïmbre.

Son nom ne fut plus prononcé que bien plus tard, dans cette histoire : et, faut-il le dire, après la mort d'Isabelle, ce fut son propre époux, Ferdinand, qui n'eut pas honte de venir demander en mariage cette même princesse Jeanne, contre laquelle il avait autrefois commandé des armées et donné des batailles, sous les yeux mêmes d'Isabelle. Ce trait du caractère de Ferdinand dit mieux que tout commentaire ce qu'il faut penser de ce prince, qui oublia si vite sa vertueuse épouse et ne craignit point de souiller ainsi dans son propre cœur, sa grande mémoire! Tous les historiens du temps s'accordent sur ce triste sujet.

Plus tard, Ferdinand agissait à peu près de même vis-à-vis de la Navarre. Sur des prétextes aussi frivoles qu'injustes, et par de lâches perfidies, Robertson nous dit qu'il chassait du trône de Navarre Jean d'Albret, qui en était le légitime souverain, et réunissait ce petit royaume à la monarchie espagnole.

Avec la défaite de Toro et le traité de 1478 entre la Castille et le Portugal, finissait la guerre que l'on a appelée la guerre de la succession.

Désormais, la reine Isabelle est reconnue, dans toute l'étendue de son royaume, pour la seule reine légitime et propriétaire; tous les partis sont soumis, le nouveau roi, Ferdinand d'Aragon, son époux, unit sa couronne à la sienne, et dès le lendemain de cet heureux événement, la reine, sortie victorieuse de sa guerre dynastique, prend l'initiative de toutes les réformes à introduire dans son vaste royaume et commence son véritable règne.

VI.

On a vu à la mort du roi Henri IV quel était l'état de la Castille. La royauté, abaissée, dépouillée, expirante, n'existait plus ; le manteau royal était tombé des épaules de Henri, déchiré par tous ceux qui s'en disputaient les lambeaux.

Isabelle va remettre tout en sa place.

C'est dès son avénement seulement, qu'on peut regarder la monarchie espagnole comme définitivement fondée. Elle l'était également par la providentielle réunion si longtemps attendue de deux peuples qui, habitant le même sol, parlant la même langue, professant la même religion, s'inspirant des mêmes libertés, avaient, à défaut d'unité politique, réalisé en quelque sorte la grande pensée nationale; en mêlant, depuis des siècles, leur sang pour affranchir la patrie commune de la domination des infidèles.

La part que chacun des deux souverains apportait l'un à l'autre était d'ailleurs de nature à donner à l'Espagne un degré de puissance et d'unité que peu d'États, en Europe, réunissaient à cette époque. Il est curieux de retracer ce tableau.

La Castille, au moment où Isabelle montait sur le trône, se composait des anciens royaumes de Léon, de Galice, des Asturies, des provinces de la Biscaye, de l'Estramadure, et descendait dans les plaines de l'Andalousie jusqu'aux rives de la Méditerranée par le royaume de Murcie.

Grenade seule appartenait encore aux Maures; c'était le seul État musulman qui restait à conquérir pour accomplir l'affranchissement définitif de la patrie espagnole. Cet affranchissement était réservé à Isabelle, il lui valut son surnom de *la Catholique*.

La Castille était ainsi le plus grand État de la Péninsule, comme il était le plus important, par son étendue, sa puissance, le renom de ses guerriers, l'industrie de ses habitants, les traditions de sa glorieuse histoire. L'Aragon rendait hommage à la Castille pour la partie de son territoire située sur la rive occidentale de l'Èbre, jusqu'au XIIIe siècle; — la Navarre et le Portugal lui avaient rendu longtemps le même hommage; — le royaume des Maures de Grenade payait encore tribut à la Castille à l'avénement d'Isabelle; — enfin, à cette époque, la capitale de la Castille était celle du nouveau royaume : c'est là que toutes les cours de l'Europe envoyaient leurs ambassadeurs. La langue castillane était celle de l'Espagne tout entière, celle de la littérature et des arts.

Cette situation de supériorité de la Castille sur tous les États de la Péninsule s'était révélée dès les premiers âges. Sous la monarchie gothique, c'était principalement en Castille que s'étaient accomplis les plus grands événements qui avaient accompagné l'histoire de ces prélats et de ces rois qui, au bout de trois siècles, tombèrent dans le même mépris que le bas-empire romain, qui les avait précédés.

Lors des premiers temps de la domination des Maures (ces nouveaux conquérants de l'Espagne), c'étaient encore les rois des Asturies, joints aux comtes de Castille, qui avaient donné le signal de l'indépendance, et qui, sortis des rochers inaccessibles des Asturies où ils s'étaient réfugiés avec leurs évêques, avaient commencé cette *reconquista,* cette reconquête qui plus tard devait les ramener, avec Isabelle, jusque sous les murs de Grenade. C'étaient les rois de Castille qui s'emparaient successivement de toutes les capitales du califat, demeuraient les vainqueurs de cette glorieuse dynastie des Abdérames, et, descendant de leurs froids climats du nord, avaient conquis ces bords enchantés du Guadalquivir, où ils avaient trouvé le soleil, les fleurs et les fruits qui leur manquaient ailleurs. Par ces mémorables conquêtes, c'était enfin la Castille qui s'étant assimilé ces heureux habitants de l'Andalousie, avait hérité de toutes les merveilles, de tous les trésors de sciences, d'art et d'industrie qu'y avaient laissés leurs célèbres et ingénieux inventeurs. Le cri de *Castille*, était le cri national. C'est à ce cri du peuple et de l'armée qu'on sacrait les rois, qu'on gagnait les batailles : il était la glorieuse devise de toutes les victoires.

On le voit, si jamais État eut droit à une suprématie légitime sur ses voisins, ce fut la Castille.

VII.

La constitution intérieure de son gouvernement fut dès l'abord des plus libérales, et les Cortès y jouèrent un rôle presque supérieur à la royauté elle-même. Les cortès castillanes étaient presque le gouvernement tout entier. C'étaient elles qui discutaient et arrêtaient les taxes, les subsides; prenaient connaissance des affaires publiques de toute nature, des traités diplomatiques, et réglaient les dépenses de la maison royale.

De leur côté, les villes et les communes avaient la nomination exclusive de leurs magistrats, indépendamment du roi, votaient leurs dépenses, surveillaient leur recouvrement, et faisaient de leurs deniers leur affaire propre et personnelle.

Les corps de métiers s'administraient de même par des lois et règlements qu'ils faisaient eux-mêmes; les artisans vivaient ainsi sous un patronage libéral, à peu près inconnu ailleurs à cette époque, et l'on vit même plusieurs de ces artisans intelligents élevés au rang de chevaliers.

La noblesse jouait dans l'État, dès le commencement de la guerre contre les infidèles, le premier rôle. C'était à ses armes qu'on devait le sol successivement reconquis; mais la récompense était plus que durement réclamée et obtenue par cette noblesse.

Une partie des terres, des villes ainsi reconquises, lui était remise; c'était elle, pour ainsi dire, qui fixait sa part, et on peut penser si elle se la faisait grande. De là, toute son influence, toute sa puissance territoriale, mais aussi toute son oppression sur le peuple, et toute son indépendance de la royauté. En Castille, cette rivalité entre la noblesse et la royauté fut incessante, et quelques efforts qu'aient essayés quelques rois, plus intolérants et plus fiers que d'autres, Pierre le Cruel par exemple, cette noblesse demeura toujours presque la maîtresse, et balança l'autorité royale.

Elle la balança surtout par sa richesse. Les biens qu'elle avait arrachés aux rois, soit par la conquête du territoire sur les Maures, soit par les concessions ou les prodigalités royales, dépassaient toute mesure. Les nobles étaient, avec le clergé, presque les maîtres du sol.

Le clergé qui, dès les premiers temps de la *reconquista*, s'était aussi montré le premier à la tête des combattants, l'épée ou le crucifix à la main, avait dû avoir sa part dans la distribution successive du sol. Les biens dont il disposait étaient immenses, les soldats qu'il pouvait mettre sous les armes aussi nombreux que ceux de la noblesse, c'est ainsi, que sous le joug de fer de la noblesse et du clergé, l'autorité royale s'était successivement amoindrie en Castille.

VIII.

Si l'on veut considérer ce triste état de la royauté, à partir seulement de l'accession au trône de la maison des Transtamare, dont la reine Isabelle va être le dernier descendant; il sera facile de déterminer quelles furent, bien plus encore, les causes de cet abaissement de la royauté, vis-à-vis de la noblesse castillane.

On sait comment Henri II, de Transtamare, monta sur le trône de Castille. Armé contre son frère, Pierre le Cruel, on sait par quelles peines, quelles épreuves, il obtint le concours et l'appui de la France et du brave Duguesclin avec les

CHAPITRE DEUXIÈME.

grandes compagnies; on sait par quelles alternatives de succès et de revers, il dut passer, avant de surprendre enfin son frère dans le château de Montiel, où il le tua de son poignard.

Tous ces faits sont acquis à l'histoire, et la Castille qui tenait beaucoup plus à avoir un *bon* roi qu'un roi *légitime*, dit un historien moderne, reconnut sans hésitation Henri de Transtamare, qui d'ailleurs était, par sa bravoure, son caractère, sa franchise, le plus sympathique, le plus séduisant des chevaliers de son temps.

Mais toutes ces levées d'hommes, tous ces enrôlements successifs, la somme énorme payée à Duguesclin pour les compagnies françaises qui vinrent aider Transtamare à conquérir son trône, celle qu'il avait fallu payer pour la rançon de Duguesclin, pris à la bataille de Navarette, avaient épuisé le trésor au point qu'il n'y restait plus une obole.

Si au payement de toutes ces sommes il faut

ajouter tout ce que Henri de Transtamare fut obligé de concéder aux nobles qui l'avaient aidé à mettre la couronne sur sa tête, des domaines du patrimoine royal; il sera facile d'apercevoir à quel point était arrivée la ruine de la royauté à l'avénement de la maison des Transtamare. Henri sentit si bien au fond de son cœur, quelle avait été sa faiblesse vis-à-vis de cette noblesse insatiable, qu'à sa mort et par son testament (il ne l'eût pas osé de son vivant), il avait déclaré que tous les biens de son domaine royal, qu'il avait aliénés en faveur de certains nobles, ne devaient point passer aux successeurs de ces derniers en ligne collatérale.

Ce règne du fondateur de la dynastie des Transtamare n'avait donc été qu'un premier pas dans la ruine du royaume.

Le règne de deux de ses successeurs, fut seulement une sorte de halte passagère dans cette ruine.

Jean Ier, après ses différends et ses guerres

avec le Portugal, essaya bien et réussit à introduire dans son royaume des améliorations de tout genre. D'un caractère modéré, tel qu'il convient aux successeurs de ceux qui fondent violemment une dynastie, Jean Ier fit tout pour reprendre à la noblesse les libéralités qu'elle avait arrachées à son père, il n'y parvint qu'à moitié, et si, après son court règne de dix ans, il n'avait fait que peu pour le rétablissement de l'autorité royale, on peut dire qu'il avait fait ce qu'il avait pu.

Henri III dont la minorité avait été traversée par toutes les ambitions d'une régence contestée, les armes à la main; avait cependant fini, à la fin de son règne, qui fut trop court, par ramener quelque ordre dans son royaume de Castille, devenu avant lui, et par la faiblesse du fondateur de sa dynastie, la proie de la noblesse et des grands.

A sa mort, à l'aide d'une paix, relativement assez longue en ces temps de guerres incessantes, à l'aide d'une administration économe, non-seulement, toutes les dettes de la couronne avaient été payées, mais le trésor était reconstitué, et l'autorité royale avait repris une sorte de puissance.

Hélas! avec ses successeurs à quelle décadence ne doit pas s'abaisser cette royauté?

Avec le roi Jean II et son fier et indigne favori, Alvaro de Luna, la déprédation totale de la royauté devenait un fait accompli et normal, et ce n'est qu'à la fin du règne de ce faible monarque, que pressé par la reine et par la noblesse, Jean avait enfin souscrit à l'arrêt qui devait faire tomber la tête de son favori. Au bout de quelques jours, Jean II, accablé de chagrin et bourrelé de remords, s'éteignait lui-même, en laissant son royaume déshonoré à son successeur Henri IV. Isabelle, qui était la fille de Jean II n'avait que quatre ans, lorsque son père mourut, alors elle ne put se rendre compte de tous ces abaissements. Le règne de Henri IV, son frère, ne devait pas tarder à lui révéler de bien autres désastres.

Henri IV, sans regarder en arrière, se livrait dès son avénement et tout entier, à un autre favori, Pacheco, le digne second d'Alvaro.

Pacheco, comme son prédécesseur met à sec ce qui restait du trésor, balance l'autorité royale, tantôt combat pour son roi, c'est-à-dire pour lui ; tantôt à la tête des confédérés, dicte des lois à la couronne, jusqu'à ce qu'enfin, réunis tumultueusement à Avila (nous l'avons dit), ces mêmes confédérés affublant de la couronne et du sceptre un mannequin revêtu des habits royaux, le jettent dans la poussière, le déposent aux acclamations de la foule révoltée et proclament le jeune Alphonse, qui ne régna point.

C'est peu après cette sédition que Henri IV lui-même, s'éteint dans la honte d'un règne déplorable, et laisse à Isabelle sa fille, ce trône de Castille, un moment contesté par la princesse.

Jeanne, d'illégitime naissance fille d'un favori, Bertrand de la Cueva.

On le voit, depuis l'avénement de cette dynastie des Transtamare, quels maux n'étaient pas à réparer, dans quelles calamités n'avait pas été plongée cette pauvre Castille, à quelle pauvreté n'avait pas été réduite la couronne, à quelle impuissance n'était pas condamnée l'autorité royale? Il appartenait à Isabelle, nous le répétons, de remettre chacun et chaque chose en sa place.

A la vue du vaisseau de l'État, échoué sur la plage, secondée par les efforts généreux de tout son peuple, elle le remit à flot et guidée par son étoile, elle s'empara seule et fièrement du gouvernail.

IX.

A ce moment, et lorsque la couronne d'Aragon vint s'unir à celle d'Isabelle par l'avénement de Ferdinand, son époux, au trône d'Aragon; ce dernier royaume n'offrait pas un état moins curieux à connaître, dans son passé, son présent, et jusque dans son avenir.

L'Aragon, depuis sa fondation au xie siècle, n'avait été d'abord qu'une contrée stérile, renfermée dans les limites les plus étroites. Pendant bien des années, les rives de l'Èbre avaient été à peine dépassées et ce ne fut guère que vers le xiiie siècle que l'un de ses plus illustres souverains, Jacques le Conquérant, jaloux de la croisade que les Castillans ne cessaient de faire, en chassant les infidèles du sol de la patrie, s'aventura à son tour de l'autre côté de l'Èbre et, descendant vers les riches plaines du royaume de Valence, finit par le conquérir presque en entier.

En suivant ainsi les côtes de la Méditerranée, l'Aragon acquérait un territoire fertile, des habitants industrieux, et ce qui lui importait principalement, des ports sûrs et commodes le long des côtes du bassin de Valence.

Mais ce qui devait être avant toute autre conquête plus profitable à l'Aragon, à tous égards ce fut le comté de Barcelone.

La Catalogne était la voisine la plus immédiate de l'Aragon, sa réunion lui apportait providentiellement tout ce qui lui manquait ; villes peuplées et laborieuses, population hardie et aventureuse, bons marins, ports magnifiques. C'était pour l'Aragon, soit au point de vue de l'agrandissement de son territoire, soit comme développement de son commerce, de son industrie au dedans comme au dehors, une acquisition qui déjà au xiiie siècle l'avait bien placé parmi les puissances du temps. En effet, bientôt la marine aragonaise avait noué des relations avec tous les peuples voisins; bientôt elle luttait avantageusement avec celles des républiques de Gênes, de Venise, et c'est cette sorte de suprématie, orgueilleusement promenée dans le bassin de la Méditerranée, qui avait suggéré aux rois d'Aragon l'ambition d'étendre hors de la Péninsule, leurs possessions et leur empire.

Ce fut ainsi que successivement, on vit les prédécesseurs de Ferdinand, s'emparer de la Sardaigne, de la Sicile, des îles Baléares, et plus tard, Ferdinand lui-même, conquérir le royaume de Naples, par l'épée d'un grand capitaine castillan, Gonzalve de Cordoue. La Navarre aussi, si proche voisine de l'Aragon, devait tôt ou tard, lui être réunie, Ferdinand se l'appropria par une usurpation.

Avec le caractère hardi des Aragonais, avec les rapports qu'ils nouèrent au dehors, on vit bientôt se développer les immunités qui avaient fait de toutes les villes du littoral, des villes libres au premier degré.

X.

La ville de Barcelone, entre autres, la rivale de Saragosse, jouissait déjà au moment de sa réunion à l'Aragon, d'un degré de prospérité inconnue à la plupart des cités européennes, encore courbées sous le joug du régime féodal.

A Barcelone, la liberté régnait partout, dans les conseils de la cité, dans les institutions politiques, dans les conditions mêmes de sujétion à l'autorité royale. Les richesses qui étaient le résultat incessant de ses entreprises commerciales avec toutes les républiques italiennes avaient fait de cette grande ville la merveille de son temps. Son port rempli de navires de toutes provenances était le marché principal de la Méditerranée tout entière, tout y affluait, tout en partait, et la première banque d'échange qui ait été connue, avait été fondée par elle en 1401.

Barcelone possédait un arsenal, une bourse, une université, une bibliothèque remarquables. Son administration, confiée à des magistrats de son choix était librement élue, parmi tous; car tous, depuis le premier jusqu'au plus modeste citoyen, pouvaient concourir à cet honneur. Tous les métiers étaient administrés par des maîtrises spéciales, librement élues ; des consuls représentaient la grande ville de Barcelone dans tous les comptoirs ouverts au commerce; enfin la prospérité et la puissance de la Catalogne étaient telles que déjà elles surpassaient bien au delà, non point celles de la Castille, mais assurément, celles de l'Aragon lui-même. On comprend donc avec quel juste sentiment de fierté, les rois d'Aragon avaient vu sa réunion à leur royaume en 1162.

Toutefois il faut le dire, à l'aide des institutions démocratiques et presque républicaines de la Catalogne, avec la fierté, avec la hardiesse, avec l'indépendance de semblables sujets, la royauté devait avoir plus d'une épreuve à traverser.

XI.

La royauté aragonaise, en effet, n'avait jamais été acceptée par les Catalans que comme un titre, que comme une sorte d'autorité entièrement subordonnée aux institutions émanées du peuple lui-même. D'abord, cette royauté n'avait été qu'élective, vers le milieu du xiiie siècle, treize pairs la décernaient aux voix et ne

traitaient même le roi élu que de treizième pair.
Cette sorte d'élection allait même, disait le document que nous citons, jusqu'à élire, s'il le fallait un *païen,* ce qui, avec les sentiments religieux du peuple espagnol, était plus qu'une hérésie.

En Aragon, dans la constitution imposée aux rois, ceux-ci avaient de même à lutter contre des puissances au moins égales, sinon supérieures à celle que leur donnait la couronne. La noblesse, le clergé, les villes et les communes étaient pour eux, comme en Castille, et même davantage, des adversaires décidés. Aucun des pouvoirs judiciaire, administratif, communal, n'était mis sous l'égide protectrice de l'autorité royale. Bien loin de là, les pouvoirs confiés par le peuple aux magistrats étaient sans appel, les taxes publiques étaient fixées et votées par les Cortès, leur recouvrement confié à des percepteurs nommés par elles, et jusqu'à l'emploi des subsides accordés sévèrement contrôlé ; en un mot, l'administration proprement dite du royaume échappait au monarque.

Sans doute les rois d'Aragon en acceptant une situation semblable y trouvaient des inconvénients, mais ils s'y soumettaient.

De cette sorte d'indépendance absolue de tous les corps de l'État, il résultait naturellement de fréquentes révoltes contre la royauté. La noblesse, la première, déjà exempte de taxes, était sans cesse en lutte avec le pouvoir royal ; au moindre refus des rois d'obtempérer à ses désirs, elle se confédérait, formait ce que l'on appelait *l'union* et au moyen de fallacieuses promesses, ou de contrainte ; elle engageait dans sa révolte villes et bourgeois, puis au moyen du grand et suprême magistrat, appelé le *justiza,* elle dictait ses lois, non-seulement au roi, mais au pays. Les rois Pierre II et Jacques le Conquérant lui-même, essayèrent vainement de maîtriser l'union ; un seul, Pierre IV, plus audacieux et plus heureux, était venu à bout de cette armée de l'union, insurgée contre lui, l'avait taillée en pièces à la bataille d'Epila, et à Saragosse, en présence des Cortès, avait de son poignard déchiré l'acte qui contenait ses priviléges. Dans sa colère, s'étant blessé à la main, il avait laissé couler son sang sur le parchemin et s'était écrié, que ce privilége avait été si injurieux à la royauté, qu'il devait être effacé par le sang même d'un roi!

Depuis cette époque, la puissance de la noblesse avait été diminuée, sans cependant avoir perdu de son influence, et au moment où Ferdinand montait sur le trône d'Aragon et apportait cette couronne à Isabelle; cette noblesse n'avait point encore tout perdu de sa puissance : ce qui faisait dire à juste titre à Ferdinand, à propos de la noblesse des deux royaumes, « qu'il était aussi difficile de *désunir* la noblesse d'Aragon que *d'unir* la noblesse de Castille. »

De toutes ces données, sur le royaume d'Aragon, et malgré les nombreux inconvénients que présentait sa constitution au point de vue de l'exercice de l'autorité royale, cependant sa réunion à la Castille apportait une puissance considérable, considérable surtout en ce sens que l'Aragon, quelque indépendant qu'il se fût toujours montré de ses souverains, ne s'était point ruiné comme la Castille, et avait su conserver intact le trésor qu'il avait longuement amassé. L'Aragon se confédérait, mais il était sage et calculateur comme un véritable commerçant. A son argent, il tenait tout autant qu'à sa liberté, et il était également économe des deux. Quant aux rois d'Aragon, leur patrimoine était d'une telle exiguïté, qu'ils n'avaient point eu, quand ils l'auraient voulu, à le distribuer à des favoris, comme l'avaient fait les rois de Castille.

Au moment où la couronne d'Aragon se réunissait à celle de la reine Isabelle, l'Aragon se présentait donc ainsi. — Au dedans, un vaste territoire qui s'étendait des Pyrénées jusqu'au delà de Valence; — sur les côtes de la Méditerranée des ports sûrs et commodes, des villes industrieuses, dans ces villes un commerce lucratif et célèbre; — sur ce sol une population fière et indépendante, rompue à tous les travaux de la guerre et de la paix; — au dehors, des conquêtes telles que la Sardaigne, la Sicile, les Baléares; — tel était le beau et riche fleuron que Ferdinand apportait à la couronne de Castille. Isabelle en apprécia toute l'importance, mais en même temps, et avec l'esprit profond et sensé qui la distinguait, elle aperçut dès l'abord, à l'état dans lequel elle avait reçu de son frère Henri IV son nouveau royaume, quelles réformes il y avait à introduire partout, si l'on voulait enfin sortir des calamités qui assiégeaient son pauvre peuple.

Isabelle dut, aussitôt après avoir terminé sa guerre de succession, s'adonner tout entière à ces grandes réformes. Justice, autorité royale, noblesse, clergé; tout accusait le désordre : il fallait donc, immédiatement, — reconstituer l'autorité, — rendre à la justice ses véritables attributions, — remettre à sa place la noblesse, — et corriger le clergé de ses défaillances comme de ses ambitions : c'est ce qu'entreprit seule la reine Isabelle, avec suite, prudence et énergie.

1475-1481

CHAPITRE TROISIÈME.

SOMMAIRE.

1475-1481. — Réformes du gouvernement d'Isabelle. — Création de la *Santa Hermandad* (gendarmerie). — Ses règlements. — Son action. — Les cours de justice. — Réformes des lois. — Isabelle tient sa cour de justice à Séville. — Rétablissement de l'autorité royale. — Détails sur les reprises. — Résistances de la noblesse. — Les trois ordres militaires de Calatrava, Alcantara et Santiago. — Leurs statuts. — Leur puissance. — Isabelle reprend la nomination aux grandes maîtrises des trois ordres. — Puissance de la couronne. — Les grandes charges et bénéfices ecclésiastiques. — Isabelle revendique la nomination à ces charges sur la papauté. — Les Juifs. — Leur situation en Castille. — Leur richesse. — Leurs alliances. — Animadversion qu'ils suscitent. — Institution de l'Inquisition en Castille. — Opposition d'Isabelle. — Première bulle du pape Sixte IV. — Les fausses conversions. — L'Inquisition en Aragon. — Résistances. — Conspiration contre le grand-inquisiteur Arbües. — Il est assassiné. — Situation générale de la Castille, après les réformes d'Isabelle.

CHAPITRE TROISIÈME.

I.

La justice et l'ordre sont la base et la sauvegarde de toute société. Au milieu de l'anarchie qui avait perdu le faible Henri IV, la justice avait disparu : on la demandait, on l'invoquait partout, elle ne se retrouvait nulle part, ou pour mieux dire, elle ne se retrouvait que dans les âpres et iniques volontés d'une noblesse insatiable, dure à ses sujets; car tous avaient cessé d'être les sujets de la couronne pour devenir les sujets de leurs petits seigneurs.

A la suite de semblables usurpations, d'un tel trouble en toutes choses, le mal, le terrible mal avait pris le dessus, et partout il régnait impitoyablement, nous l'avons déjà dit, lorsque Isabelle montait sur ce trône chancelant et décrié. Plus d'ordre, plus de lois, plus de juges pour les appliquer : liberté, affreuse liberté du mal, partout et sans frein. De là, les champs étaient à moitié incultes, les villes livrées au plus fort, les rues désertes ou infestées la nuit de voleurs et de rôdeurs malfaisants;— de là, les personnes violentées, les maisons ouvertes par la force, et en Espagne, dans la catholique Castille, jusqu'aux lieux les plus saints, les églises, profanés.

Quant aux forteresses, tout en servait, et dans la campagne, on en trouvait autant que de seigneurs ou de partisans, cavernes de refuge où l'on se partageait tranquillement le butin fait sur le pauvre ou le riche, sur tous ceux, en un mot, que l'on avait dépouillés.

Voyager, sortir, vaquer aux plus simples et plus nécessaires actes de la vie, était donc devenu impossible.

A ce spectacle lamentable et honteux, Isabelle, dès le premier coup d'œil, vit bien que la force seule, alliée à une impitoyable justice, pouvait couper dans sa racine un mal aussi profond; elle la sut et voulut employer immédiatement.

Il était une confrérie qui avait existé autrefois en Castille, la *Santa Hermandad*. Cette confrérie qui, anciennement n'était qu'une arme aux mains des nobles révoltés contre la couronne, Isabelle en changea le but et l'institution.

Dans une junte qui eut lieu à Madrigal, junte composée des députés des différentes villes du royaume, cette nouvelle et salutaire institution devint une institution de l'État.

Ses statuts, son action, les membres qui la composaient, les juridictions dont elle ressortait et auxquelles elle aboutissait, les ressources pécuniaires dont elle vivait, les forces militaires enfin qu'elle pouvait mettre sur pied et dont elle disposait souverainement; toutes ces conditions se résumaient dans cet acte de Madrigal, devenu célèbre et populaire.

La *Hermandad* était préposée au maintien de l'ordre public. Les crimes réservés à sa juridiction étaient les vols, les attentats aux personnes, aux propriétés, aux lieux consacrés par la sainte religion, les rapts, les résistances quelconques aux officiers de justice et à l'exécution de leurs arrêts.

Pour l'entretien de cette force publique, de ces gens d'armes, de cette gendarmerie (pour nous servir d'un mot plus significatif de notre temps), une contribution annuelle était levée.

Chaque groupe de cent chefs de famille devait payer chaque année une somme de dix-huit mille maravédis pour l'entretien, l'équipement et l'armement d'un cavalier.

Si un crime était commis, un assassinat, un vol, un rapt, un viol, le tocsin était immédiatement sonné dans toutes les églises du voisinage; la troupe prenait les armes et se mettait à la poursuite du délinquant : une récompense était d'ailleurs affectée à qui l'arrêterait.

Dans chaque district, dans chaque canton contenant plus de trente familles, c'est-à-dire à peu près cent cinquante individus, était établi un tribunal composé de deux alcades (deux juges); il statuait sur tous les crimes commis dans son ressort.

Tous les ans, à époque déterminée, une junte générale, composée des députés de toutes les villes du royaume, se réunissait, examinait les affaires pendantes, les réglait et les renvoyait aux juntes vicinales qui devaient en assurer l'exécution.

La junte générale de Tordesillas, qui fut réunie en 1485, spécifie avec un détail particulier, toutes les peines, et jusqu'à la peine capitale, encourues suivant la gravité du crime et des circonstances dans lesquelles il s'est perpétré.

On comprend comment avec une semblable force, le gouvernement de la reine Isabelle devint immédiatement le maître absolu de la justice du pays.

En peu d'années, en effet, les voleurs n'étaient plus, le calme avait reparu, et les Castillans, à l'abri de cette vigilante protection, avaient pu labourer tranquillement leur champ et prier Dieu dans leurs églises respectées. Cette action de la *Hermandad* fut telle qu'en Galice seulement, on compta jusqu'à trois cents forts qui furent rasés et jusqu'à quinze mille malfaiteurs qui se virent forcés de quitter le royaume, aux applaudissements des pauvres habitants des montagnes, qui les regardaient comme de véritables bêtes fauves.

II.

Isabelle, poursuivant son idée de réforme et de restauration de l'ordre par la justice, voulut par sa présence en sanctionner les arrêts.

A Séville, en 1485, on la vit rendre elle-même cette justice depuis si longtemps exilée du sanctuaire.

Solennellement assise dans la grande salle de l'Alcazar, autrefois le palais des Abdérames; elle siégeait chaque vendredi entourée de son conseil, avec toute la pompe et l'appareil d'une cour de justice. Ses arrêts étaient agréés comme définitifs et jamais ils ne donnèrent lieu à la moindre réserve, tant ils étaient empreints de douceur et d'équité. Ce mode des souverains castillans rendant eux-mêmes la justice, n'était point dans cet antique royaume chose nouvelle; les rois de la monarchie gothique avaient les premiers introduit ce paternel usage; les premiers rois catholiques avaient longtemps fait de même dans les Asturies, et l'histoire dit que le roi de France saint Louis ne faisait point autrement lorsqu'il rendait la justice sous son chêne légendaire.

En Espagne, il seyait bien à l'autorité royale, représentée par une femme, d'être ainsi la première justice de son peuple.

Le résultat du séjour de deux mois de la reine Isabelle à Séville se traduisit par le règlement d'une foule d'affaires criminelles et civiles terminées par elle, par les propriétés usurpées rendues à leurs maîtres, et par l'éloignement des criminels qui se dérobèrent à l'étranger, à la justice nationale.

L'institution des cours et tribunaux, reçut

également de la reine, une réorganisation complète.

La forme de procéder de la haute cour criminelle ne fut pas modifiée, mais la cour d'appel dans les affaires civiles fut entièrement reconstituée. Il en fut de même des statuts relatifs à l'administration propre de la justice, à la nomination des juges, à l'état des prisons, au nombre des prisonniers, aux honoraires des juges et à ceux des avocats qui spéculaient sur le pauvre. Un avocat gratuit des pauvres fut institué dans chaque ressort.

Les codes castillans, de si ancienne origine, furent en même temps soumis à une réforme complète.

Le roi de Castille Alphonse X, dans son Code des sept parties (*siete partidas,* ainsi appelé en raison des sept parties qui correspondaient aux sept lettres de son nom, *Alfonso*), avait purement et simplement restauré, dans son texte et son esprit, les principes du droit romain; ces principes rémaniés et appliqués à l'état nouveau du temps par Isabelle, furent en moins de quatre ans, promulgués et mis en pratique. Ce code, sous le nom d'ordonnances royales, paraissait à Huete en 1495. Il fut un des premiers qui fut imprimé en Espagne, sur ce papier de linge inventé par les Arabes, et dont la Castille fournissait alors toute l'Europe.

Toutefois, la noblesse toujours si jalouse de ses priviléges, ne se plia point dès les premiers jours à cette juridiction qui la privait de pouvoirs considérables. La noblesse avait ses droits seigneuriaux, elle les exerçait en dehors de toute autorité, et elle n'entendait point s'en dessaisir. Isabelle, malgré l'opiniâtre résistance de cette noblesse, qu'il fallait aussi ne pas trop offenser, vint cependant à bout de la désarmer presque complétement.

Les nobles, voyant d'ailleurs que depuis l'avénement d'Isabelle, le rang et la naissance ne donnaient plus les mêmes titres à leur ambition, voyant que souvent des personnes d'un rang inférieur, mais recommandées par leurs talents ou leurs services, parvenaient comme eux et avant eux, aux plus hauts emplois; les nobles, disons-nous, frappés et inquiets de ces tendances libérales d'un nouveau règne se prirent à réfléchir et se soumirent.

Tels furent les premiers et salutaires effets de la réorganisation de la justice en Castille, par Isabelle.

III.

L'autorité royale, après la justice, avait surtout besoin d'une complète réédification. Depuis l'avénement des Transtamare, on sait par quelles épreuves et par quels abaissements elle s'était vu conduire successivement jusqu'au drame d'Avila, où le frère d'Isabelle, le roi Henri IV, avait été dans son mannequin, dépouillé, conspué par les confédérés, roulé dans la poussière. Après un tel scandale, après les scandales non moins grands, d'une cour licencieuse et débauchée, d'une reine sans pudeur; après la honteuse naissance d'une princesse, la princesse Jeanne bâtarde avérée d'un indigne favori; il était devenu nécessaire pour un souverain qui se respectait de ramener sur le trône l'honneur qui s'était évanoui dans toutes ces royales saturnales.

Isabelle, courageuse et honnête comme elle était, entreprit cette difficile transformation.

La cour de Henri IV était licencieuse, la sienne fut sévère, — la reine était débauchée, Isabelle était pure, — le clergé était fastueux, il dut être simple, — la noblesse avait accaparé tous les biens des communes, des villes, de la couronne elle-même, la noblesse dut les restituer.

CHAPITRE TROISIÈME.

Les Cortès de Tolède de 1480, réalisèrent en partie cette restitution.

Le trésor de la couronne dilapidé s'élevait au moment de l'avénement d'Isabelle à moins de 40,000 ducats annuels, c'était à peine de quoi vivre, on reconstitua ce trésor au moyen de la révision des concessions si imprudemment faites par les derniers rois, par Henri IV, à cette noblesse insatiable. Les pensions furent révisées, et toutes les faveurs concédées, sans titre, furent annulées. La couronne recouvra ainsi plus de 30 millions de maravédis, et immédiatement, Isabelle sur cette somme, distribua 20 millions aux veuves et aux orphelins des soldats qui venaient de succomber, dans la guerre de la succession.

Cet acte la plaça dans le cœur de tous.

Les communes imitèrent cet exemple de reprises. Elles annulèrent toutes les concessions injustement faites à la noblesse sur leurs biens propres, pendant le règne de Henri IV.

La noblesse, on le pense bien, s'indigna contre de semblables mesures, menaça de quitter la cour, et de reprendre les armes; Isabelle leur répondit par ces mots qui doivent rester à son honneur.

« Vous pouvez suivre la cour, ou vous retirer dans vos États, si vous l'aimez mieux : mais aussi longtemps que Dieu nous permettra de conserver le rang auquel il nous a appelée, nous aurons soin de ne point imiter l'exemple de Henri IV, et de devenir un jouet dans les mains de notre noblesse. »

La noblesse comprit et se rappela ce qu'Alphonse X déjà avait dit d'elle dans sa curieuse chronique.

« Tous ces nobles, avait-il dit, ne se sont pas soulevés contre moi pour défendre leurs fueros, ni pour le tort que je leur ai fait ; car de ma vie, je ne leur ai enlevé aucune liberté. Ils ne le firent pas non plus pour le bien du pays, car ce pays est mon héritage, or, nul ne leur veut plus de bien que moi, et ils n'y possèdent que les grâces que je leur ai faites moi-même : mais leur motif, c'est de tourmenter toujours leurs rois pour leur enlever leur honneur et leur héritage. Plus les rois les rendent puissants, plus ils cherchent à les déshériter ! »

Il en eût été de même sous le règne d'Isabelle, si elle l'eût permis, c'est justement ce qu'elle ne permit pas.

IV.

Les grandes charges des ordres militaires religieux, et surtout les immenses avantages qui y étaient attachés, étaient de nature à attirer de même l'attention de la reine, dont l'autorité pouvait être sérieusement atteinte par ces redoutables puissances.

Les ordres militaires religieux étaient d'origine castillane. Tandis que d'autres peuples, enflammés du saint amour de Dieu, faisaient leur croisade en Palestine, et se précipitaient à sa délivrance; la Castille faisait sa croisade chez elle, et les armes à la main, descendait de ses âpres montagnes des Asturies, balayant successivement les infidèles, et s'arrêtant devant les remparts de Grenade, au pied desquels bientôt va les conduire, Isabelle.

Ces grandes conquêtes n'avaient point été faites seulement par les armées castillanes, le clergé tout entier, les évêques à leur tête avaient paru au milieu des combattants, et l'on cite dans cette célèbre et patriotique épopée plus d'un prélat, tenant l'épée d'une main et le christ de l'autre, aux côtés des souverains.

Les ordres monastiques, dès les premiers jours, ne voulurent point être les derniers à concourir à cette sainte croisade, ils offrirent leurs services.

C'est ainsi que parurent et se fondèrent les

trois ordres militaires religieux de Calatrava, Alcantara et Santiago (Saint-Jacques).

Les chevaliers de Calatrava, procédaient de l'ordre des Templiers. Ils avaient d'abord été chargés de la garde de la ville de Calatrava, par les rois de Castille, d'où leur nom; et l'ayant vaillamment défendue contre les infidèles, ils y avaient reçu du roi Sanche III (1157), des terres considérables. Cet exemple de l'établissement d'ordres militaires en Castille, fructifia, et donna naissance aux deux autres, ceux d'Alcantara et de Santiago, tout aussi célèbres.

L'ordre de Santiago eut d'abord pour but la défense des pèlerins qui venaient accomplir leurs vœux sur le tombeau de saint Jacques, à Compostelle. Sans cesse harcelés par les Maures et même par les chrétiens qui les détroussaient en chemin, il importait que leur sécurité fût garantie. Cela était d'autant plus nécessaire que ce pèlerinage était devenu pour l'Espagne une des branches de son commerce les plus importantes et les plus lucratives.

D'abord les chanoines de saint Éloi avaient cru remédier à cet inconvénient en bâtissant, sur toute la route de France à Compostelle, des hôpitaux et des auberges dans lesquels chaque soir les pèlerins étaient accueillis, mais ce fut une vaine précaution; entre chaque station, les mêmes inconvénients se représentèrent et le pays qu'il fallait traverser était tellement montueux que l'impunité de ces voleurs était complète. Il fallut donc songer à d'autres moyens.

Alphonse VIII, s'y employa avec ardeur et sagacité. De concert avec le roi de Léon, son voisin, il avisa à la création d'un corps permanent qui, continuellement sur la route devait en assurer le libre parcours. Quelques gentilshommes de Castille s'offrirent d'abord à faire ce service. Alphonse en référa au pape Alexandre, une bulle fut accordée, et un ordre nouveau, celui des chevaliers de Santiago fut ainsi institué.

Leur règle était différente de celle de Calatrava. Ils pouvaient se marier sous certaines conditions. Don Pedro Martinès fut le premier grand maître de l'ordre. Leur habillement était un manteau blanc sur lequel était une croix en drap rouge.

Ces trois ordres, dès leur fondation, sont partout où la guerre éclate. On les voit partout en tête des escadrons, et à la bataille de Las Navas-de-Tolosa, ils sont les premiers, qui enfoncent les carrés des musulmans. Dès l'abord, leur réputation militaire et leur puissance est assurée par les services notables qu'ils rendent aux souverains. De là, leur importance et leur richesse. Des propriétés immenses étaient leur patrimoine; l'ordre de Santiago par exemple, possédait quatre-vingt-quatre commanderies et deux cents bénéfices. Il pouvait mettre sous les armes des forces considérables. Au temps d'Isabelle, l'ordre de Santiago jouissait d'un revenu de six cent mille ducats, celui de Calatrava de quatre cent mille, celui d'Alcantara de quatre cent cinquante mille. Dans chacune des provinces de la Péninsule, ces ordres possédaient un château ou un couvent et leur richesse balançait, celle de la royauté elle-même.

On comprend de quelle importance il était alors pour l'autorité même de la royauté, que la nomination aux charges de grands maîtres de ces ordres ne fût point laissée à d'autres qu'à la reine elle-même.

Dès les premiers temps de son règne, la mort du grand maître de Santiago (1476) révéla la politique qu'elle entendait suivre, à cet égard.

Isabelle était alors à Valladolid, elle monta immédiatement à cheval (c'était sa manière de voyager), et arriva inopinément à la ville de Huete, où se tenait le chapitre de l'ordre, déjà en délibération pour la nomination à la vacance de la grande maîtrise. La reine s'y présenta, et, exposant avec une rare énergie les dangers qu'il y aurait à confier une semblable charge à un simple sujet, elle proposa nettement au conseil d'y appeler le roi son époux. Cette proposition eut d'abord peu de succès, Ferdinand était Aragonais, et quelque mêlés que fussent les intérêts des deux peuples depuis la réunion des deux couronnes, cependant la même antipathie ne cessait d'exister entre eux. Il fut alors convenu que le roi, nommé par l'ordre, céderait immédiatement son titre à un Castillan, et au moyen de ce compromis, et de la nomination à la grande maîtrise de Alonzo de Cardenas, l'un des plus fidèles serviteurs de la couronne, tout fut arrangé aux souhaits de la reine.

Ainsi, les rois de Castille eurent désormais la nomination aux grandes maîtrises des ordres, et les papes eux-mêmes, qui dans le principe s'étaient réservé cette prérogative, la perdirent de leur côté.

V.

De cette sorte de revendication à celle des droits ecclésiastiques, appartenant à la couronne, et à la résistance de la royauté castillane aux usurpations du Saint-Siége, il n'y avait qu'un pas.

Isabelle fit ce pas.

Quoiqu'elle eût été élevée, depuis ses plus jeunes années, dans le respect des ministres de Dieu, et surtout du chef de la chrétienté sur la terre; elle avait cependant en elle une telle susceptibilité patriotique, lorsqu'il s'agissait de l'indépendance de sa couronne ou de ses droits; que lorsqu'ils étaient menacés ou attaqués, elle se montrait alors la plus ferme à les défendre.

Le joug papal avait depuis la monarchie

gothique pesé sur l'Espagne du poids le plus lourd, les papes empiétant sur tous les pouvoirs étaient descendus jusque dans les détails les plus minutieux de l'économie même de l'Église, et non-seulement, ils disposaient souverainement des bénéfices de toute classe, mais ils s'étaient arrogé le droit de décider seuls et de ratifier seuls les élections aux évêchés, et aux autres grandes dignités ecclésiastiques.

C'est dans cet état de choses que la reine Isabelle avait trouvé les rapports de l'Église avec la papauté.

Il y avait là un grand danger, en Castille, surtout au point de vue de l'ordre et de la défense du sol national.

En Castille, les domaines épiscopaux (en Andalousie, par exemple) s'étendaient souvent jusqu'aux frontières mêmes des Maures, et formaient une ligne de défense nationale et militaire qu'il était important d'assurer. Si l'on confiait la propriété de ces domaines à des évêques étrangers ou absents, le danger apparaissait immédiatement; c'est à ce sujet, que la reine revendiquait directement et immédiatement du pape, son droit, déjà confirmé d'ailleurs par les Cortès, de désigner seule les titulaires de ces vacances ecclésiastiques.

Un événement, la vacance du siége épiscopal de Cuença, vint résoudre cette brûlante question.

En 1482, le pape Sixte IV, avait confié ce siége à un étranger, à un Génois, le cardinal San-Giorgio. — La reine avait protesté et demandé au contraire la vacance pour l'évêque de Cordoue.

Le pape répondit qu'il était le chef de l'Église, que son pouvoir était absolu, qu'il avait seul le droit de nommer aux évêchés comme aux bénéfices vacants, et qu'il « n'était *point fait* pour consulter les préférences des souverains de la terre. »

La réponse était dure, pour la pieuse Isabelle surtout; cependant, on essaya de s'entendre : un légat parti de Rome, fut chargé de cette négociation, et après bien des peines, le pape Sixte IV, accorda lui-même une bulle, d'après laquelle, Sa Sainteté s'engageait à ne ratifier désormais que les vacances auxquelles la reine aurait nommé elle-même.

C'est ce que réclamait Isabelle. L'évêque proposé par elle fut nommé à Cuença, et dès lors la reine disposa de toutes les vacances en faveur de personnes dignes par leurs vertus de ces charges éminentes.

Cette faculté de disposer des plus grandes comme des plus petites charges ecclésiastiques, de nommer directement à tous les épiscopats et à tous les bénéfices, donnait à l'autorité royale une grande puissance et amoindrissait d'autant celle du clergé. — Isabelle, ne pouvait que se rappeler, en effet, quel rôle avait joué de tout temps, le clergé dans les affaires de la Castille, quelles étaient sa puissance, son influence, sa richesse, ses luttes contre la couronne.

Dernièrement, au drame d'Avila, c'était l'archevêque de Tolède lui-même, Carillo, qui avait arraché de la tête du mannequin de Henri IV, la couronne royale et au nom des confédérés, l'avait jetée dans la poussière aux acclamations d'une populace furieuse; —dernièrement, c'était ce même archevêque de Tolède, aujourd'hui rallié à la cause d'Isabelle, qui l'avait si étrangement menacée en disant d'elle : « — J'ai bien pu lui mettre le sceptre à la main, je pourrais bien, si je le voulais, lui faire reprendre le fuseau! »

C'était enfin, ce même archevêque, ainsi que tous ses confrères, qui jouissant de revenus immenses, pouvaient lever des troupes nombreuses, possédaient nombre de villes, et balançaient ainsi la royauté elle-même. — Isabelle, en se réservant leurs nominations, et ne choisissant que des hommes sages, modestes et sagement soumis à sa couronne, coupait ainsi dans sa racine, cette puissance anormale.

Nous avons dû noter, dès le principe, d'un trait tout particulier, cette extrême susceptibilité de la reine pour la revendication des droits de sa couronne, afin de montrer toute l'importance qu'elle attachait à leur stricte conservation. — Elle était seule reine propriétaire de la Castille : à ce titre, toutes les prérogatives attachées à sa couronne étaient sacrées, et elle devait apporter à leur maintien plus de soin que personne — c'est là un des traits de son caractère — elle était Castillane avant tout.

VI.

Le pouvoir royal ainsi reconstitué dans toutes ses parties essentielles, il existait cependant en Castille, et depuis de bien longues années, une secte nombreuse, riche et puissante, qui faisait à la royauté un obstacle incessant; nous avons nommé les Maures convertis et les Juifs.

A mesure que les Maures avaient été chassés et repoussés par les rois chrétiens de leurs anciennes possessions, tous ne s'étaient point expatriés, un grand nombre, au contraire, pour ne point perdre leurs biens qui étaient considérables, s'étaient, disaient-ils, convertis à la foi chrétienne. — Pour la plupart, cette conversion n'avait été que simulée, et tous, en accord secret avec une autre race, celle des Juifs, très-nombreux en Castille surtout; ils formaient un noyau secret de résistance, qu'il était politique de surveiller d'abord et de briser ensuite. Ces Maures s'entendaient d'ailleurs, secrètement aussi, avec ceux du royaume de Grenade, encore si puissant, et d'accord avec eux, ils eussent pu, dans un moment donné, susciter aux rois de Castille les plus sérieux embarras.

Les Juifs, de leur côté étaient par leur véritable puissance, un danger tout aussi sérieux.

Les Juifs, dès l'avénement des rois de la monarchie gothique avaient envahi presque tout le royaume. Ils y avaient acquis, relativement à ce temps, de grandes richesses. Les rois goths les poursuivirent par tous les moyens, sans réussir à les atteindre complétement.

Lorsque les Maures succédèrent aux rois goths, les Juifs continuèrent leur grand commerce et leur envahissement secret : ils étaient les ennemis des rois goths parce que ceux-ci étaient chrétiens; ils furent les amis des califes parce que ceux-là ne l'étaient point : — ils avaient d'ailleurs avec les nouveaux conquérants venus d'Orient, comme une affinité qui tenait de leur commune origine orientale, aussi bien que de leur haine traditionnelle contre les disciples du Christ.

Dès les premiers jours de la conquête arabe ils s'assimilèrent donc d'une manière complète avec les Maures et rivalisèrent avec eux, si savants cependant en toutes choses, par leur aptitude à la science du commerce, aux progrès de l'industrie, à la connaissance des lettres et des arts.

Ce fut ainsi que les Juifs se firent, en Castille et dans toute la Péninsule où ils pénétrèrent par tous les côtés, leur place nécessaire, importante même ; et que même, on les vit successivement les maîtres préférés dans toutes les grandes écoles de Cordoue, de Tolède, de Grenade, attirant autour d'eux de nombreux disciples et professant avec un art égal, la médecine, l'astronomie, les mathématiques, la littérature.

Les traités de finances leur étaient particulièrement connus, ils y étaient, comme de nos jours encore, d'une aptitude et d'une finesse merveilleuses; telle était leur situation sous les califes.

Lorsque la conquête de la Péninsule s'effectua par les armées chrétiennes, les Juifs étaient demeurés dans les villes conquises comme par le passé, et bien vite, ils y avaient trouvé et fait leur place. C'est ainsi que sous les règnes d'Alphonse X, de Pierre le Cruel, de Henri II et même de Henri IV, on trouve des Juifs, dirigeant les études des princes chrétiens, administrant leurs finances, étant leurs médecins préférés.

Il y a mieux encore, les fortunes délabrées des nobles castillans n'avaient pas toujours résisté au besoin de se reconstituer, et on avait vu en Castille surtout, plus d'un grand seigneur rechercher la main d'une Juive, sans crainte du discrédit qui pesait sur un acte semblable : cela s'appelait, comme de nos jours, *redorer son blason*.

Quelques-uns d'entre eux, voulant entrer plus avant dans la famille chrétienne au milieu de laquelle ils vivaient, s'étaient même convertis, mais si mal qu'ils avaient été, de la part du peuple, l'objet des plus sanglants actes de violence. — On les accusait de profaner les symboles sacrés du culte, et de mille horreurs, entre autres, de sacrifier des enfants chrétiens, pour célébrer leurs Pâques; — on les accusait d'accaparer tous les biens, de faire l'usure, de ruiner le pauvre peuple; si bien que l'année même qui avait précédé l'avénement d'Isabelle, les habitants de la ville de Jaën, au nom de la religion profanée, s'étaient tumultueusement soulevés contre eux, et avaient massacré le connétable de Castille lui-même, qui avait cherché à s'interposer dans ce douloureux conflit.

Dès lors, et pendant les premières années occupées par la reine Isabelle à sa guerre de succession, les craintes et les excitations contre les Juifs et les Maures non convertis n'avaient pas cessé d'assaillir le trône : le pape lui-même et le premier, avait été vivement sollicité et le premier aussi, il avait résolu de mettre un terme à cette hérésie, qu'il regardait non-seulement comme un crime spirituel, mais comme un attentat direct à sa personne. De là l'institution, ou pour mieux dire la réapparition de l'inquisition en Espagne.

CHAPITRE TROISIÈME.

L'inquisition avait été introduite pour la première fois en Aragon en 1242 par le conseil de Tarragone. Elle s'était bornée à ce petit royaume, où elle avait fait alors peu de victimes; tout l'effort des princes aragonais, s'étant porté au dehors, en France, dans la grande guerre contre les Albigeois, où le vaillant roi d'Aragon, Pierre II, avait été perdre la vie, à la bataille de Muret.

En Castille, à proprement parler, l'inquisition n'avait point paru; et jusqu'au règne d'Isabelle, tout s'était borné, nous venons de le voir, à quelques sanglantes représailles contre cette race, l'objet de la haine et principalement de la jalousie de tous.

Dès lors, toutes les accusations et tous les griefs prirent un corps, la clameur contre les Juifs, contre leurs abominations, contre leurs richesses mal acquises, contre leur luxe, devint générale; et deux dominicains, Diego Merlo et Alphonse de Ojeda, se firent les interprètes de cette clameur auprès des souverains, en les sollicitant de l'extirper dans sa source même.

Le nonce du pape auprès des souverains espagnols, Nicolo Franco, insista avec une ardeur toute personnelle auprès d'eux pour qu'ils demandassent au Saint-Père le rétablissement de ce tribunal, et leur en démontra tous les avantages au point de vue de la religion.

La reine Isabelle, dont on connaît déjà la bonté et en même temps la susceptibilité toute nationale, fut loin, dès l'abord, de consentir à un semblable projet. Sa sagesse y voyait deux grands périls. D'abord, la papauté reprenait ainsi sur ses sujets et sur le royaume dont elle était seule *propriétaire,* une puissance qu'elle consentait difficilement à abandonner; — ensuite sa bonté d'âme s'effrayait des maux qui pouvaient ainsi, en dehors d'elle, assaillir son peuple : elle hésita donc. Le roi Ferdinand son époux, mû par un autre mobile, lui exposa avec détail et conviction, quelle source d'immenses revenus pouvait ainsi acquérir le royaume, par suite des confiscations immenses dont on frapperait les Juifs et les Maures, — à cette considération, la reine dont la droiture était connue, résista plus encore, et ce ne fut qu'après bien des résistances, bien des incertitudes et bien des alternatives, que vaincue par les prières et par son confesseur Torquemada, elle se vit *extorquer* son consentement à cette grande et terrible mesure.

Sixte IV occupait alors le saint-siége. Le 1er novembre 1478, il expédia la première bulle qui autorisait trois inquisiteurs à procéder à la suppression de l'hérésie en Espagne.

Déjà, à la réception de cette première bulle, Isabelle, effrayée elle-même, des pouvoirs conférés aux inquisiteurs, arrêta l'effet de ces sévères mesures, et ordonna au cardinal Mendoza, archevêque de Séville, de suspendre d'abord toutes les rigueurs; et pour les éviter, de composer une sorte de catéchisme qui éclairant les, Israélites sur les premiers principes du christianisme, pût les sauver du châtiment.

Ce fut ainsi que, grâce aux résistances de la reine, l'inquisition ne fonctionna d'abord en Castille que nominalement.

Toutefois, d'un côté, la persistance et les admonestations sévères du pape, et de l'autre les insistances opiniâtres et intéressées du roi Ferdinand, finirent par vaincre l'aversion de la reine pour ces mesures extrêmes, qui répugnaient autant à la magnanimité qu'à l'énergie de son caractère; elle dut donc céder : mais en cédant, elle ne se ferma point la porte des réclamations, des prières incessantes, qu'elle adressa au Saint-Père; à ce point que Sixte IV lui-même, frappé du zèle inconsidéré des inquisiteurs, les menaça de destitution, s'ils continuaient ainsi leur œuvre.

Cette œuvre n'en continua pas moins. — lors, les Juifs, ainsi atteints, réussirent en grand nombre à se sauver, les uns à Grenade où ils étaient protégés, les autres en Allemagne et en Italie où ils en appelèrent vainement du décret du saint-office.

Quant aux Maures, ils préférèrent pour la plupart se convertir, ou du moins le dire ; réservant ainsi toute leur action et toutes leurs espérances dans le cas où leurs frères de Grenade auraient un jour ou l'autre, à leur demander leur concours armé contre les chrétiens. A ce sujet, et relativement aux Maures, cette mesure de l'inquisition ne fut jamais mieux jugée que par l'un de nos plus grands esprits, M. Guizot, lorsqu'il disait : « L'inquisition, dans son principe, fut bien plutôt une mesure d'*ordre* qu'une mesure de religion. » — Vis-à-vis des Maures, c'était, en effet, une mesure politique au premier degré, et vis-à-vis des Juifs, l'inquisition fut tout aussi bien une mesure politique que religieuse, parce que dans ce temps, la *politique* était la *religion*. — Cette nuance si difficile à apprécier de nos jours, était cependant la vérité au xv⁰ siècle.

En Aragon, l'inquisition, sous les auspices du roi Ferdinand, son partisan intéressé, fonctionna, au contraire de la Castille, avec une ardeur que l'on peut deviner. Toutefois, ce tribunal si antipathique au caractère libre et indépendant des Aragonais, finit par devenir si terrible dans ses actes, que désespérant d'obtenir justice, ceux-ci formèrent une conspiration contre Arbuès, inquisiteur du diocèse de Saragosse, et arrêtèrent sa mort. — Arbuès, qui savait sa vie menacée, portait une cuirasse sous sa robe de moine. — Un soir, au moment où il se mettait à genoux dans la cathédrale de Saragosse, vers l'heure de minuit, l'un des conjurés lui enfonça son poignard derrière le cou. Il expira dans l'église même.

Le meurtre d'Arbuès ne fit qu'augmenter les rigueurs du saint-office, en Aragon, et remplit de douleur le cœur d'Isabelle qui, à ce sujet, en dissentiment si profond avec le roi son époux, voyait ainsi le joug papal peser d'un poids bien plus lourd encore sur la malheureuse Castille.

Isabelle toutefois, toujours aussi énergique dans son indépendance religieuse, aussi bien que dans le tendre intérêt qu'elle ne cessait de porter à ses chers Castillans, ne cessa point un instant, durant tout son règne, d'apaiser, d'intercéder, de désarmer, ce terrible bras du saint-office ; ne cessa point d'essayer d'éteindre ces flammes qui, allumées d'abord pour les Juifs et pour les Maures, finirent par atteindre les chrétiens eux-mêmes.

Dans cette constante résistance à des rigueurs déplorées, est tout son caractère, clément, ferme et essentiellement national.

VII.

Isabelle, avait ainsi en peu d'années, en six ans à peine, avisé par des mesures sages et efficaces, à rétablir, à ressusciter dans son gouvernement de la Castille, — la justice, l'ordre et la sécurité, par l'institution de la *hermandad;* — l'autorité royale, par la puissance qu'elle lui avait rendue; — la morale et la pureté des mœurs, par l'exemple qu'elle en donnait.

La noblesse, justement dépouillée de toutes les concessions illégitimes dues aux règnes de la faible dynastie des Transtamare, avait été remise en sa place, et les villes comme les communes avaient repris tous les biens dont une nuée de favoris les avait iniquement dépouillées.

Le clergé avait dû, de son côté, restituer à la

couronne une grande partie de la puissance qu'il avait usurpée — toutes les nominations aux charges épiscopales et aux bénéfices étaient rentrées dans le domaine propre de l'autorité royale, et par là, Isabelle avait consolidé plus encore sa légitime puissance.

Telle était, sous tous rapports et dans toutes ses branches, la situation du gouvernement de la reine Isabelle, vers l'année 1481, c'est-à-dire sept ans après son avénement.

La reine voyant son royaume ainsi pacifié, sentit alors qu'il lui restait vis-à-vis de sa couronne un autre devoir à remplir, si elle voulait la laisser grande et glorieuse.

Les rois de Castille ses prédécesseurs avaient tous, à l'exception des Transtamare, mis leur épée au service de la *délivrance;* tous, avaient successivement chassé les infidèles de leurs royaumes. — Tolède, Séville, Cordoue avaient successivement ouvert leurs portes et le drapeau de la Castille flottait sur leurs mosquées;

lorsque Isabelle, à son tour, reprenant cette grande pensée de la reconquête, jeta les yeux sur le dernier royaume que possédaient encore les infidèles, dans toute l'Espagne, et voulut être celle qui couronnât la grande œuvre par la conquête de Grenade.

Grenade était puissante, aguerrie, ce royaume était hérissé de forteresses puissantes, habitées par des soldats valeureux, la conquête n'en était que plus glorieuse, — Isabelle la décida.

1481 — 1487

CHAPITRE QUATRIÈME.

SOMMAIRE.

1481-1487. — Le royaume de Grenade. — Sa fondation. — Sa puissance. — La ville de Grenade. — Ses murailles. — Ses forteresses. — Sa *vega*. — L'Alhambra. — Revenus du royaume. — Sa population. — Son commerce. — Son armée. — Préparatifs d'Isabelle pour la campagne. — Première attaque d'Alhama. — L'assaut. — Alhama est repris par le roi de Grenade. — Énergie d'Isabelle. — Reprise d'Alhama par les chrétiens. — Campagne de Loja. — Troubles à Grenade. — Guerre civile. — Déposition du roi. — Les Maures dans l'Axarquie. — Ce que sont les montagnes de l'Axarquie. — Défaite affreuse des chrétiens. — Détails. — Campagne de Velez-Malaga. — Capitulation des forts. — Campagne de Malaga. — Sa situation. — Son port. — Ses forts. — Arrivée d'Isabelle. — Opérations du siége. — Tentative d'assassinat sur le roi Ferdinand. — Assaut de la forteresse. — Propositions de capitulation. — Refus de Ferdinand. — Reddition de Malaga. — Entrée d'Isabelle. — Conditions de la capitulation.

CHAPITRE QUATRIÈME.

I.

Le royaume de Grenade avait été fondé en 1228. Les vigoureux efforts des rois chrétiens, ayant peu à peu refoulé les musulmans vers les provinces de la basse Andalousie, le cercle formé par les armées castillanes s'était resserré et n'avait laissé à la domination des infidèles que la province de Grenade.

Cette province devint bientôt un royaume.

Le royaume de Grenade avait cent quatre-vingts lieues de circonférence et vingt-cinq dans sa plus grande largeur. A l'est, le royaume de Murcie, conquis par l'Aragon, — à l'ouest Gibraltar et Cadix, conquis par la Castille, — au nord, les grandes cimes neigeuses qui le séparent de l'Andalousie chrétienne, — au midi la mer Méditerranée ; telle était sa situation.

Cet important royaume, au moment où sa conquête était décidée, comptait quatorze grandes villes et quatre-vingt-dix-sept moins considérables. Ses grandes villes étaient Grenade, Almeria, Malaga, Velez-Malaga. — Une multitude surprenante de forteresses et de petits forts surmontait chaque crête de leurs montagnes, — dans ces montagnes des mines célèbres, dans ces vallées profondes de riches pâturages, des eaux limpides, — sur les bords de la mer des ports commodes, tels que Malaga et Almeria, qui les mettait en communication avec le commerce de toute l'Europe, avec leurs frères d'Afrique surtout ; — sur ce sol riche et cultivé une population hardie, laborieuse, industrieuse, le reste de tous ceux qui avaient été chassés de Séville et de Cordoue et qui étaient venus apporter là, leur science, et leur industrie.

Tel était le royaume, au moment, où Isabelle allait y entrer les armes à la main. Le souverain qui y régnait était Abdallah el Zaquir. C'était un homme doux et aimé des siens.

Au milieu de ce territoire du royaume, s'élevait comme une véritable couronne, la ville de Grenade. Grenade avait tout ce qu'il faut pour être la capitale d'un grand empire. Elle est bâtie au pied de la Sierra Nevada, sur deux collines au pied desquelles coulent deux rivières, le Xenil et le Darro. Sur chacune des deux collines et à leur sommet, s'élevaient deux forteresses, l'Albaycin et l'Alhambra. Chacune de ces forteresses pouvait contenir quarante mille hommes. — Les maisons placées sur la pente de ces deux collines et dans l'enfoncement d'une petite vallée donnent à la ville l'air d'une grenade entr'ouverte, d'où, selon M. de Chateaubriand, lui serait venu son nom. La grenade récoltée sur son territoire et qui forme une partie de son blason, en est beaucoup plutôt le signe et l'étymologie. Cette ville était entourée alors d'une muraille en briques, flanquée de mille trente tours, sept portes y donnaient entrée. Sa population s'élevait en 1480, jusqu'à deux cent mille âmes; les chroniques du temps disent que de la ville seule pouvaient sortir cinquante mille combattants.

L'Alhambra, la forteresse qui couronnait un des sommets de la montagne, était la forteresse royale, c'est là qu'habitait le souverain. La description de ce palais est partout. Ses galeries, ses portiques, ses colonnades, le fameux cabinet de toilette de la reine, le *tocador,* la grande salle des ambassadeurs, la cour des lions, la salle des Abencérages avec sa fontaine et ses jets d'eau, ses dômes, ses parois resplendissants de mosaïques toujours vivantes ; — toutes ces merveilles étaient, comme elles sont encore aujourd'hui, le modèle le plus intéressant et le plus parfait de l'architecture légère et élégante des Arabes ; tout y accusait le goût et l'opulence, de leurs voluptueux possesseurs.

Au pied de cette forteresse de l'Alhambra, et des dernières maisons de la ville, s'étendait cette immense plaine, cette célèbre *vega* qui va devenir le champ de bataille des deux armées. Cette plaine de plus de trente lieues d'étendue était la merveille de la culture arabe. Dans ce sol profond, les vignes, les grenadiers, les mûriers, rivalisaient de verdure et de fraîcheur : là, toutes les moissons mûrissaient, tous les fruits et les fleurs étalaient leur couleur délicieuse : là, les eaux du Xenil distribuées à chacun par l'ingénieux procédé, encore en usage aujourd'hui, répandaient successivement l'abondance et la vie. Les montagnes et les neiges de la Sierra Nevada, se découpaient sur cet horizon.

Les revenus de ce royaume étaient considérables ; ils s'élevaient à plus de 1,200,000 ducats. Les possessions du souverain contenaient des mines d'où l'on extrayait des métaux abondants et précieux. Les monnaies du calife étaient réputées par leur pureté.

Le commerce de Grenade avec les peuples riverains de la Méditerranée était considérable et lucratif. Toute l'Italie tirait du royaume de Grenade ses soies et ses étoffes écrues. Les Arabes étaient des plus habiles dans ces étoffes tissées d'or et de soie, alors si fort à la mode dans la plupart des cours de l'Europe ; — c'était par ses ports de Malaga et d'Almeria que se faisait ce grand commerce qui s'étendait jusqu'au Levant. — A ce propos, la probité des Arabes en matière de commerce, était devenue proverbiale. On n'écrivait rien lorsqu'on traitait avec

CHAPITRE QUATRIÈME.

eux, leur parole suffisait; ce qui avait fait dire à un évêque, selon un historien : « Que la probité d'un Maure et la foi d'un Espagnol suffisaient pour faire un bon chrétien! »

Les Maures de Grenade étaient en outre réputés pour leur bravoure et leur rudesse aux travaux de la guerre. Sobres, marcheurs intrépides, ils dévoraient la distance, et excellaient dans ces attaques et ces surprises de guérillas qui leur étaient propres. Les Maures étaient en outre des cavaliers excellents, et comme les Arabes, ils aimaient leur cheval et leurs armes, comme et peut-être plus, qu'eux-mêmes. Ils connaissaient d'ailleurs aussi l'usage de la poudre à canon, dont ils se servirent, presque les premiers, mais ils l'estimèrent toujours moins que leurs bonnes lances, leurs bonnes épées, et la hardiesse avec laquelle ils les maniaient.

Tel était le peuple, puissant, que les armes chrétiennes allaient attaquer.

II

Isabelle, avant de commencer une aussi grande entreprise, une guerre qui va durer près de onze ans, avait dû nécessairement s'y préparer, et, de même qu'elle avait soigneusement procédé à la réorganisation civile de son royaume; de même, elle avait dû préparer une organisation militaire propre à répondre aux difficultés fort grandes, qu'elle allait avoir à affronter.

L'armée castillane, jusqu'à Isabelle, était composée de milices commandées par des capitaines, élus par leurs pairs, élection qui donnait toujours l'épée du commandement au plus éprouvé et au plus brave. Ces milices dépendantes du seigneur, arrivaient à sa voix, au lieu indiqué par le souverain, et s'y mettaient à ses ordres.

La discipline, comme l'unité y manquaient le plus souvent, et cependant, dans toutes les grandes actions engagées, à Calatanasor, à Las Navas, les escadrons chrétiens avaient toujours triomphé!

Ferdinand et Isabelle, dans la guerre de la succession, dont ils sortaient à peine, n'avaient pas été sans apercevoir tous les défauts d'une semblable organisation militaire, et ils avaient dû mettre à profit cette expérience et le temps, pour y porter remède. Isabelle sentait d'ailleurs que la réussite de sa grande entreprise, — la délivrance de la patrie et l'expulsion totale des musulmans, — était à ce prix; elle se fit chef d'armée.

L'artillerie, d'invention si récente, fut d'abord l'objet des soins de son grand conseil. Pour réduire toutes les forteresses des Maures, — et dans le royaume de Grenade, tout le pays en était littéralement hérissé, — il fallait une artillerie nombreuse et bien dirigée. On fit venir de France, d'Italie et d'Allemagne les ingénieurs et les constructeurs les plus habiles; on construisit des fourneaux et des forges pour les boulets, et les ustensiles nécessaires; puis, on amena de Sicile et du Portugal des quantités énormes de poudre à canon et on eut ainsi, en peu de temps, une artillerie considérable. Les premières pièces étaient, dès l'abord, assez grossières, formées de lames de fer, réunies et cerclées par des anneaux de même métal : leur tir était bien un peu incertain, mais enfin, quand les coups portaient, ils tuaient, et allumaient des incendies toujours préjudiciables à l'ennemi.

L'armement de l'infanterie surtout fut revisé avec soin. Les lances, les arbalètes, les épées, reçurent des formes nouvelles; — quant aux malades et aux blessés, ils furent l'objet des soins particuliers de la reine. — Isabelle fonda pour eux ce qu'on appela les *hôpitaux de la reine,* c'étaient de grandes tentes mobiles, qu'on transportait sur les derrières des armées et qui étaient pourvues de tout le matériel et le personnel nécessaires. — Médecins, chirurgiens, médicaments, tout s'y trouvait avec les aumôniers chargés de réconforter spirituellement les pauvres blessés.

Toutes ces mesures prises, un événement inattendu vint hâter le commencement de cette grande guerre.

On était en 1481, la ville de Zahara, au pouvoir des chrétiens était commandée par Hernandez de Saavedra, lorsqu'une nuit, le roi de Grenade, à la tête de ses soldats, l'avait surprise, et en avait chassé les troupes castillanes. Ferdinand et Isabelle qui se trouvaient alors à Medina-del-Campo, en apprenant cette malheureuse défaite, en conçurent le plus vif chagrin ; ils levèrent alors leur étendard.

Ainsi commença cette guerre, dont l'issue,

si fatale aux musulmans, avait été prédite par un des anciens qui, à la nouvelle de la prise de Zahara, s'était écrié, sur l'une des places publiques de Grenade : « Bientôt les ruines d'Alhama tomberont sur nos têtes et nous écraseront. Puisse ma prédiction être fausse! Je sens au dedans de moi-même un certain pressentiment secret que la fin de notre domination en Espagne est proche. »

Le vieillard avait prédit juste, la fin de la domination musulmane en Espagne, était au bout de la guerre de Grenade.

Isabelle d'ailleurs avait depuis longtemps déjà, le grief le plus sérieux contre les souverains de ce royaume. Ces souverains lui devaient tribut, et lorsque d'après les traités, Ferdinand en 1476, avait réclamé ce tribut, au roi de Grenade, celui-ci s'était contenté et permis de répondre à son ambassadeur : « Dites à votre maître que ceux qui payaient le tribut sont morts, et qu'à Grenade, on ne fabrique plus pour les chrétiens que des fers de lance et des lames de cimeterre. »

C'est à cette fierté que Ferdinand et Isabelle répondaient à leur tour, en entrant enfin en campagne avec toutes leurs forces.

III.

Le plan général de la guerre semblait être celui-ci :

Comme on ne pouvait songer à s'attaquer d'abord à la capitale, puissamment défendue; on devait commencer par battre en brèche, les unes après les autres, toutes les places importantes et s'en emparer; cela fait, prendre les ports et couper ainsi toute communication, tout ravitaillement avec l'Afrique qui eût pu fournir des renforts considérables : puis après avoir ainsi dévasté le pays, amoindri l'armée ennemie, fait des capitulations avantageuses, expulsé tous ceux qui ne se soumettraient pas, arriver devant Grenade, et la prendre.

C'était couper tous les membres du corps avant d'arriver à la tête.

La ville d'Alhama fut le premier point attaqué. Alhama était une ville célèbre par ses établissements de bains renommés dans toute la Péninsule; elle était l'une des plus riches du royaume et par le produit de ces bains fréquentés par les grands du pays et par le dépôt de toutes les taxes publiques de la province qui y étaient réunies. C'était donc une prise importante. — Alhama était située entre Grenade et Malaga, dont elle était à égale distance, environ huit lieues. Sa citadelle était forte, et sa garnison fort bonne.

L'armée chrétienne qui marchait à l'attaque d'Alhama était commandée par le marquis de Guadiz et le duc de Medina-Sidonia, qui avaient oublié leurs vieilles querelles, sous la bannière de la reine. — Ils avaient à peu près six mille hommes sous leurs ordres. Ils se présentèrent ainsi, devant l'ennemi, et arrivèrent la nuit au pied des rochers au haut desquels était la citadelle. Les échelles furent immédiatement dressées, et trente hommes escaladant les remparts y égorgèrent les sentinelles, et pénétrèrent dans le fort, dont ils ouvrirent les portes. Toute cette petite garnison endormie, fut passée au fil de l'épée, et le matin, lorsque les habitants de la ville, aperçurent le drapeau castillan planté sur les remparts de la forteresse, ils demeurèrent comme frappés de stupeur.

Toutefois, bientôt remis de cette première surprise, ils se préparèrent à une terrible défense. Tous, femmes, vieillards, enfants, prirent les armes, et lorsque les soldats chrétiens essayèrent de pénétrer dans ces rues, déjà barricadées de toutes parts, ils y trouvèrent la mort sous une pluie de pierres, de projectiles de toute sorte, brûlés par l'eau et l'huile et la poix bouillante, que les femmes jetaient de leurs toits et de leurs balcons.

La victoire finit cependant par rester aux Castillans, un massacre terrible eut lieu, et la ville fut pillée par les soldats. — Comme signe de sa victoire et en même temps de sa vengeance, le marquis de Guadiz fit pendre sur le rempart, en face de la ville, un chrétien renégat, trouvé dans une mosquée.

Ce premier succès des armes chrétiennes était d'un bon augure pour l'avenir. Isabelle qui était alors à Medina-del-Campo en reçut la nouvelle avec une grande allégresse, et pour la célébrer, elle se rendit pieds nus, dit-on, à la cathédrale de Saint-Jacques, où un *Te Deum* fut chanté à cette occasion.

La prise d'Alhama par les chrétiens était pour le roi de Grenade une perte sensible, elle était en même temps une sorte de honte pour sa cause, quelque bien défendue qu'elle ait été. Il résolut d'en tirer sur-le-champ une vengeance éclatante, et quelque temps après, il paraissait devant Alhama avec une grande armée, plus de cinquante mille hommes. — Seulement, sa sortie de Grenade avait été tellement précipitée qu'il avait négligé d'emmener avec lui son artillerie. — Déjà, quand le roi de Grenade parut, toutes les brèches de la dernière campagne étaient réparées et la ville se trouvait dans le meilleur état de défense.

Abdallah attaqua immédiatement et fort bravement, mais inutilement : il usa alors de stratagème. — La ville n'était abreuvée que par un puits, et pour subvenir à ses besoins, elle était obligée d'envoyer chercher l'eau à la rivière qui coulait au pied des remparts. — On ne pouvait communiquer avec la rivière que par un large souterrain. Abdallah intercepta ce souterrain; de telle sorte qu'à chaque sortie, les chrétiens tombaient par centaines à l'entrée de cette galerie; chaque goutte d'eau coûtait une goutte de sang. La famine en outre commençait à se faire sentir, et déjà les chrétiens parlaient d'abandonner Alhama, lorsqu'un événement inattendu et favorable vint les tirer du désastre qui les menaçait.

Un renfort considérable était amené par Don Alonzo Aquilar, le frère du grand Gonzalve de Cordoue qui paraîtra bientôt sur cette scène.

A cette approche, le roi maure comprenant qu'il allait se trouver pris entre ses deux ennemis, ne put que se retirer, et après ce siége inutile de trois semaines, il rentrait à Grenade. — Les chrétiens de leur côté ne pouvant rester plus longtemps à Alhama, prirent le parti de se retirer aussi après s'être partagé le butin, et y laissèrent une garnison composée des soldats de la *Hermandad;* en assez faible quantité.

Le roi de Grenade parfaitement renseigné sur la marche de son ennemi, et connaissant le peu d'importance de la garnison laissée à

Alhama sous les ordres de Diego Merlo, revint alors pour la seconde fois; et cette fois, avec une artillerie considérable, il remit le siége devant la ville.

Isabelle qui était alors à Séville reçut cette nouvelle avec étonnement, un conseil fut immédiatement assemblé, et il résulta des avis de la plupart qu'il était plus prudent, vu les forces du roi maure, d'abandonner Alhama.

A ces mots, la reine retrouvant en elle cette énergie qui déjà manquait à ceux qui la conseillaient, exposa la nécessité absolue de la victoire, l'honneur qui en résulterait pour ses armes, pour sa politique, pour la Castille. Ce langage ferme, inspiré, d'une jeune femme, d'une jeune reine, eut bientôt électrisé les indécis, et le retour à Alhama fut décidé. — Ce fut la reine elle-même qui s'occupa nuit et jour de tous les préparatifs de l'expédition, vit les soldats, les harangua et leur confia, l'honneur du drapeau qu'elle voulait, à tout prix, leur dit-elle, qui fût planté par eux sur la grande tour d'Alhama.

Ce qui fut dit fut fait; mais sans effusion de sang. A l'approche de l'armée commandée par Ferdinand lui-même (la reine enceinte n'avait pu l'accompagner), le roi de Grenade leva son camp et se retira.

Ferdinand fit son entrée à Alhama, comme un triomphateur, revêtu de ses plus beaux habits et escorté de tous les nobles et les prélats qui l'avaient suivi. Les mosquées de la ville furent aussitôt converties en églises, Isabelle envoya à ces églises les plus riches ornements, et la première messe qui fut dite à la nouvelle cathédrale par le cardinal d'Espagne prouva aux habitants, quel était le but de la conquête: le triomphe de la foi chrétienne.

IV.

Une fois Alhama conquise, la reine Isabelle ne laissa point se reposer un jour, sa vaillante armée. Il s'agissait de prendre les unes après les autres, toutes les forteresses qui hérissaient les alentours de Grenade; Loja fut la nouvelle proie indiquée aux soldats victorieux.

Loja n'était éloignée d'Alhama que de quelques lieues à peine. C'était une ville située au haut d'une montagne, qui dominait une large vallée fertile, plantée, et arrosée par le Xenil, rivière qui sort des faubourgs de Grenade. La forteresse de Loja était bien approvisionnée et surtout bien pourvue de défenseurs; le roi de Grenade trop averti par le désastre d'Alhama, y avait envoyé trois mille hommes, commandés par son meilleur lieutenant.

Le roi Ferdinand arrivait devant Loja vers le milieu de juillet, 1482. Il avait quatre mille chevaux et douze mille fantassins. — Cette armée tout à fait disproportionnée avec les forces de l'ennemi, commença dès les premiers jours, à éprouver une sorte de découragement, qui devait lui être fatal. En effet, les premières attaques ne furent point heureuses, les dispositions de l'attaque furent mal prises : les Maures au moyen d'embuscades hardies, au moyen des pièces d'artillerie qu'ils avaient adroitement placées sur les diverses crêtes des montagnes qui commandaient la plaine, eurent bientô raison des nombreux détachements des chrétiens, lancés sur la place. — Il y a plus, bientôt aussi, la disette se mit dans l'armée chrétienne. Cernée de tous côtés et par tous les chemins, ces pauvres soldats, mourant de faim, commencèrent à se décourager, à se mutiner même. Alors, le roi lui-même, effrayé des dispositions de son armée, donna le signal de la retraite, et envoya l'ordre aux troupes d'avant-garde qui déjà avaient pénétré jusqu'au pied des remparts de la forteresse, de descendre et de rejoindre le quartier général. — Ces troupes redescendirent en effet, mais à la vue de la retraite de leurs camarades, les soldats du camp croyant à une déroute, se prirent de peur, une panique insensée se déclara dans toute l'armée, et la déroute commença.

A cette vue, le Maure sortit de la forteresse, s'abattit avec toute sa cavalerie sur les chrétiens, les poussa devant lui, les perça de part en part, et les conduisit ainsi jusqu'à plus de six lieues de Loja, tuant et massacrant tout ce qui tombait sous son épée.

Ferdinand ainsi traqué, ne put que très-difficilement arriver avec le gros de son armée anéantie, à une montagne, nommée la montagne des *amoureux*, qui est distante de Loja de près de huit lieues. Là seulement il put s'arrêter. Alors, et en regardant ce qui lui restait de cette petite armée il y a quelques jours encore si vivante et alors expirante, quels ne durent pas être son chagrin et sa confusion?

Les pertes les plus graves avaient en effet été subies. La plupart des chevaliers, des capitaines, des commandants des troupes étaient blessés, le grand maître de Calatrava était tué, et de cette première campagne, Alhama seule restait aux chrétiens.

La reine Isabelle qui, nous l'avons dit, n'avait pu personnellement prendre part à cette campagne, attendu son état de grossesse et de maladie, reçut cette nouvelle que lui apporta son époux avec une grande émotion. Son armée, ses soldats lui étaient plus chers que toute chose au monde; la cause qu'ils défendaient était en même temps celle de la patrie et de la foi : elle n'eut donc point de cesse qu'elle n'eût reformé, reconstitué de nouvelles forces destinées à recommencer, à reprendre son œuvre de la reconquête.

Un événement imprévu, une révolution chez ses propres ennemis, vint l'aider dans cette œuvre. Cette révolution s'était opérée, à Grenade même, dans l'intérieur du palais du souverain.

V.

Le vieux roi, Aldallah, était devenu subitement épris des charmes d'une belle esclave. La sultane favorite, Zoraya, dans la crainte que les enfants de sa rivale ne vinssent disputer le trône aux siens, avait alors organisé contre son propre époux une conspiration.

Le roi, à cette découverte, avait fait enfermer la sultane, mais bientôt celle-ci s'était échappée de sa prison, qui était la forteresse de l'Alhambra, et faisant appel aux conjurés ses amis, elle avait levé dans Grenade même le drapeau de l'insurrection. Ce soulèvement avait grandi, la guerre avait éclaté jusque dans les rues de la capitale, et bref, après de tristes et sanglants engagements, le vieux roi avait été obligé de quitter Grenade, et de se réfugier dans la province de Malaga, où son pouvoir n'avait pas cessé d'être reconnu.

Le fils aîné du roi, Abdallah el Zagal, avait alors, de concert avec Zoraya, pris le pouvoir suprême, et après quelques difficultés bientôt aplanies, il était entré en souverain dans le palais de l'Alhambra, où il régnait.

Cette guerre intestine entre le père et le fils, reconnus chacun par un parti rival, ne pouvait qu'être favorable aux chrétiens : elle affaiblissait l'unité d'action et de commandement des forces musulmanes, et Isabelle songeait déjà à mettre à profit cette situation, lorsqu'une nouvelle, plus fatale encore que la déroute de Loja, vint porter dans son esprit et son cœur une profonde douleur.

Les chrétiens venaient de subir une nouvelle défaite dans l'Axarquie.

VI.

L'Axarquie est une petite contrée qui s'étend de la chaîne de montagnes d'Antequera, jusques aux portes de Malaga, à l'ouest de cette ville. C'est une contrée montagneuse, hérissée de bois, de halliers, couverte d'arbres, coupée de haies. Les pâturages de ses petites vallées étaient renommés, et nourrissaient des troupeaux de moutons considérables. Ces vallées et ces petites montagnes étaient couvertes de nombreux villages, de maisons; on y distinguait surtout les grandes fabriques de cette soie que les Maures envoyaient dans toute l'Europe, et qu'ils expédiaient par le port voisin de Malaga, qui leur servait d'entrepôt.

Cette contrée riche, habitée, et toutefois, par sa situation, un peu isolée de Malaga dont elle était encore assez distante; offrait aux chrétiens une proie dont l'importance ne leur avait pas échappé. — S'emparer de cette petite province, en retirer un riche butin, et se préparer ainsi à arriver plus tard aux portes mêmes de Malaga, tel était leur plan.

Le gouverneur de l'Andalousie, don Pedro Henriquez avait alors envoyé ses éclaireurs, ses *adalides*, chargés de trouver la meilleure route à suivre par l'expédition. Ces éclaireurs, gens très-hardis et très au courant de tous les actes et mêmes des projets des Maures (ils étaient pour la plupart des musulmans renégats), ces éclaireurs disons-nous, trouvèrent facilement les côtés par lesquels ils conseillaient d'aborder l'Axarquie. Selon eux, descendre par les défilés de la montagne et, après la victoire, regagner la terre chrétienne, par les bords de la mer à la gauche de Malaga, telle était la voie la plus sûre, et celle qui offrait le moins de danger, pour laisser passer le butin que l'on comptait rapporter à Ecija.

Le gouverneur, ainsi renseigné et trompé dit-on, par ces éclaireurs renégats, fit part de son projet à deux de ses voisins, don Alphonse d'Aguilar et don Juan de Sylva ; et il fut convenu, qu'à jour dit, ces trois seigneurs, chacun avec son armée, se rendraient au lieu indiqué.

Ces trois petites armées réunies partirent en effet le même jour et après une marche pénible, elles pénétrèrent dans l'Axarquie.

Là, les chrétiens se livrèrent à toutes les dévastations encore usitées à cette époque, et en dépit de résistances très-grandes de la part des habitants, ils firent un riche et énorme butin.

Le vieux roi de Grenade, aidé de son vaillant neveu, Abdallah, avait de son côté, pénétré dans les vallées de l'Axarquie, et suivant l'armée chrétienne, il l'avait atteinte. Elle était chargée de son butin, empêchée dans sa marche, ignorant les chemins et les défilés. Le roi de Grenade profitant de ces embarras, se jeta sur les premiers corps qu'il rencontra, les tailla en pièces, et les força de se jeter dans les montagnes et les défilés, déjà gardés par les siens. Dans chaque défilé, les Maures épiant l'ennemi étaient en garde, l'épée au poing. — En même temps, de toutes ces montagnes grondait incessamment une artillerie croisée et furieuse, et sur chaque crête, la nuit, des feux allumés révélaient aux malheureux chrétiens, le nombre de leurs redoutables ennemis. — Vainement la cavalerie andalouse essaya-t-elle, de descendre dans les vallées, elles étaient étroites et impossibles à occuper, car immédiatement de tous les points de ces crêtes aiguës, des quartiers de roches ébranlés par les Maures venaient rouler en grondant sur ces pauvres cavaliers et écraser en même temps hommes et chevaux.

Vainement donc on essaya de résister, c'était

chose impossible. — L'armée chrétienne alors, débandée, sans chefs, n'obéissant plus qu'à ce funèbre cri *sauve qui peut!* se répandit dans tout ce pays, ruiné tout à l'heure par elle, et y trouva en détail la mort sous toutes les plus terribles formes.

Le marquis de Guadiz lui-même, suivi seulement d'une soixantaine de ses guides, s'échappa comme par miracle, et arrivé au pied d'une montagne escarpée il fut obligé de s'attacher à la queue de son cheval pour escalader un rocher où il se réfugia : — une caverne lui servit d'abri pendant deux jours et deux nuits.

Tel fut le sort de cette funeste expédition de l'Axarquie en 1483. — De cette armée chrétienne, sortie quelques semaines avant, d'Ecija, d'Antequera et d'Alhama il n'en était revenu que la moitié à peine, et dans quel état !

Le meilleur et le plus noble sang de la Castille, avait été versé dans cette courte campagne : quatre cents capitaines y avaient péri, avec trente commandeurs de Saint-Jacques. — Il fut prouvé plus tard que les éclaireurs, qui avaient indiqué le chemin et les défilés, avaient trahi les chrétiens et étaient en secret accord avec l'ennemi. Ce fut une dure leçon pour l'avenir.

Il n'en est pas moins vrai, que cette nouvelle désastreuse, arrivant à Cordoue où se trouvait la reine Isabelle, peu après la défaite de Loja, remplit son âme de douleur; et en même temps, lui suggéra la pensée d'une prompte et éclatante vengeance

VII.

Pendant ces événements, la situation du nouveau roi de Grenade, Abdallah el Zagal, mis, comme nous l'avons dit, à la place de son père réfugié dans la province de Malaga, avait singulièrement empiré.

Ce souverain avait été malheureux dans plus d'un engagement avec les chrétiens. — A Loja par exemple, non-seulement il avait été forcé de rendre la ville qu'il n'avait point su défendre, mais, sans trop de honte, il était sorti de la ville, avait été au camp de Ferdinand, et à son aspect, il avait mis pied à terre et fléchi le genou devant lui. Un traité humiliant avait été la suite de cet échec. Le roi maure avait ainsi perdu tout crédit auprès de ses sujets qui l'avaient déposé, et le peuple, d'une voix unanime avait alors appelé au trône, le neveu du roi; celui qui venait, nous l'avons vu, de mener d'une si vaillante manière la campagne de l'Axarquie, contre les chrétiens.

A travers toutes ces compétitions, la reine Isabelle avait été la première à continuer la guerre. Durant les trois années qui s'écoulèrent de 1483 à 1487, il n'est pas de jour que son armée n'ait assiégé, quelque place; c'est ainsi que successivement les villes de Cartama, de Ronda, de Zagra, de Baños, étaient tombées au pouvoir des chrétiens. — Moclin, le *bouclier de Grenade* et Ilora *son œil droit*, avaient succombé également. La garde d'Ilora avait été laissée à celui qui va devenir le plus grand capitaine de l'Espagne, Gonzalve de Cordoue. C'est la première fois qu'il apparaît sur cette scène qu'il doit illustrer d'un si grand éclat.

La ligne de conquête des Castillans avait été ainsi avancée de plus de vingt lieues sur le territoire même des Musulmans, toutes ces villes avaient été peuplées de chrétiens, et les approches de Grenade étant ainsi débarrassées; la reine, avant d'y porter toutes ses troupes, songea à s'emparer des ports par lesquels des forces ennemies, arrivaient chaque jour d'Afrique et renforçaient son ennemi.

Velez-Malaga et Malaga étaient indiqués d'avance à ses plans.

On était alors en 1487, et Isabelle, après avoir obtenu du pape des fonds considérables sur les revenus ecclésiastiques de la Castille et de l'Aragon, ouvrit en personne la campagne.

VIII.

Velez-Malaga est une petite ville située à l'est de Malaga, sa capitale; elle en est distante de cinq lieues. Elle avait une bonne forteresse, pouvant contenir des forces considérables, toujours prêtes à venir défendre la capitale, si elle était assiégée et à inquiéter tous les ennemis qui tenteraient de s'avancer à ses environs. Dans le plan des chrétiens, la première chose à faire était donc de s'emparer de Velez-Malaga, avant de tomber sur Malaga elle-même.

Le roi Ferdinand commandait cette fois

cette expédition en personne. L'armée qu'il amenait de Cordoue, devant Velez se composait principalement des contingents de l'Andalousie et de l'Estramadure, elle pouvait se monter à cinquante mille hommes dont douze mille chevaux, son artillerie était considérable dans la prévision du siége de Malaga après la prise de Velez. Un nombre énorme de chevaliers accourus de tous les points de la Castille s'était rangé sous la bannière royale. L'Aragon participait peu à ces entreprises lointaines pour lui.

Le 7 avril 1487, la campagne s'ouvrit. Il faisait un temps affreux, des pluies torrentielles avaient inondé le territoire de Velez : toutes les rivières, tous les ruisseaux avaient débordé, et les chemins par où devaient passer les hommes et les canons n'étaient plus que des fleuves. Nonobstant ces difficultés qui étaient grandes, l'armée continua sa marche et arriva devant Velez. — Là, elle commença, sous la pluie, les opérations du siége, le bombardement suivit bientôt.

Les forts de Velez, quelque bien armés qu'ils fussent ne purent résister longtemps, et les habitants voyant que le blocus les amènerait infailliblement à une capitulation, furent les premiers à la proposer. Le 27 avril, c'est-à-dire dix jours après l'investissement, elle eut lieu. Elle fut clémente. On garantit aux personnes, leurs têtes et leurs propriétés, et bientôt après, une vingtaine de petites villes, situées sur la côte orientale de la Méditerranée vinrent elles-mêmes, faire leur soumission.

Cette soumission, presque personnelle, fut d'un grand effet auprès des villes qui tenaient encore dans la province de Malaga, et immédiatement, Ferdinand, avec les mêmes troupes victorieuses, se présentait devant Malaga, qui n'était éloignée de Velez que de cinq lieues.

Malaga avait une importance propre et très-considérable, par son port. Ce port, était la communication du royaume lui-même, avec toute la Méditerranée. C'était par le port de Malaga, que Grenade recevait tous les renforts d'hommes, de grains, qui lui arrivaient d'Afrique; c'était par le port de Malaga, que Grenade exportait toutes ses marchandises, ses vins, ses soies, ses fruits, ses mines. A tous ces points de vue, prendre Malaga était porter au roi de Grenade un coup peut-être mortel.

IX.

La ville de Malaga, s'étend sur la côte, par une pente douce. — Deux citadelles la commandaient, celle de Gebralfaro, la plus considérable, était située sur l'une des dernières crêtes de la Sierra de l'Axarquie, qui rappelait aux chrétiens de si douloureux souvenirs. — D'ailleurs, dans ces deux forts, il y avait une artillerie considérable, très-bien servie, car les Maures étaient des pointeurs très-habiles : — le commandement de la place était confié à un capitaine fort renommé, par les qualités militaires qu'il avait déployées dans la dernière guerre.

Ferdinand assit son camp devant Malaga ; au milieu des jardins d'orangers et des vignobles qui entourent cette ville.

Il avait autour de lui, le grand maître de Saint-Jacques, l'amirante de Castille, le marquis de Villema, le duc de Benavente, le grand maître d'Alcantara, le marquis de Moya.

Il attendait la reine. Isabelle en effet, arrivait elle-même quelques jours après, avec Béatrix de Bovadilla, sa fidèle amie, le père Talavera, son confesseur, et le cardinal de Mendoza; nouvel archevêque de Tolède qui avait remplacé le factieux Carillo, mort il y a déjà quelques années. La reine, avait tenu à voir de ses propres yeux les opérations de ce siége : elle espérait que sa présence porterait enfin bonheur à ses armes, elle ne s'était point trompée.

On commença par déterminer les opérations de l'investissement et on établit de distance en distance, des lignes et des redoutes, de manière à former autour de la ville, un demi-cercle qui partait de l'un des bords de la mer, et venait finir au côté opposé.

Ces redoutes bien garnies de canons et de soldats, étaient importantes.

Les Maures ainsi enfermés, essayèrent alors plusieurs sorties, pour interrompre les travailleurs et briser le cercle qui les enfermait, ils y échouèrent; leurs sorties cependant étaient appuyées par des forces considérables. — Le 29 mai, celle qui eut lieu contre le camp du marquis de Guadiz était de six mille hommes : ils entrèrent ce jour-là dans le camp chrétien, y firent un grand carnage, mais enfin, ils en furent chassés, et n'y laissèrent que l'un de leurs drapeaux, avec beaucoup de prisonniers : le marquis de Guadiz y fut blessé dangereusement.

Les premières opérations des Espagnols furent dirigées contre l'un des faubourgs de la ville, celui du côté de la terre. — Le comte de Cifuentès commandait cette attaque. Une brèche fut bientôt pratiquée par son artillerie, et on escalada la muraille. Les assiégeants furent reçus d'abord par une pluie de feu, mais ils tinrent bon, massacrèrent tous ceux qui leur barraient le passage, et malgré les mines qui sautaient partout, ils se maintinrent fièrement sur la muraille.

C'était un bon commencement. D'autre part, et du côté de la mer, une flotte composée de caravelles et de galères armées était arrivée de Barcelone, elle bloquait le port, et coupait de ce côté toute communication.

Les assiégés ainsi contournés et étreints dans un cercle de feu par mer et par terre, commencèrent à réfléchir, le sort de Velez-Malaga leur revint en mémoire, et la pensée d'un accommodement se fit jour, dans l'esprit de quelques-uns.

X.

Le siége continua néanmoins, et les assiégés, changeant de tactique, opérèrent chaque nuit des sorties nombreuses et sur divers points à la fois, contre les lignes chrétiennes. — Ces sorties nocturnes toujours si dangereuses, réussirent plus d'une fois. Le marquis de Guadiz lui-même, faillit être pris par une troupe de deux mille hommes, partie du fort de Gebralfaro qui entra dans son camp au milieu de la nuit, et surprenant ses soldats endormis, en tua une grande partie. Le marquis, dans cette surprise, avait reçu un coup d'arquebuse, qui heureusement s'était émoussé sur sa cuirasse de bon acier.

Cependant, les Maures qui étaient en dehors des lignes, étaient accourus au secours de leurs frères, ils étaient venus principalement de Guadiz et des environs, et essayaient d'inquiéter les chrétiens, sur les derrières de leurs lignes. — Ces attaques avaient même pris une certaine importance, et déjà, plusieurs de ces partis avaient été taillés en pièces, lorsqu'un jour une action considérable ayant été engagée, quelques prisonniers furent ramenés au camp du roi. — On avait intérêt à savoir par eux, ce qui se passait dans le camp ennemi; ces Maures furent donc traités avec une certaine douceur, et l'un d'eux principalement conduit devant le marquis de Guadiz s'offrit à faire d'importantes révélations aux souverains.

Cet individu fut alors mené à la tente du roi et de la reine. — Il était midi, la journée était étouffante, et le roi fatigué s'était retiré pour faire la sieste. — Isabelle, en attendant que le roi fût éveillé, avait alors ordonné que le Maure fût conduit dans la tente du marquis de Moya; ce qui avait été fait.

Une fois dans cette tente, le Maure trompé par la magnificence qui y régnait, se figura que c'était celle du roi, et y trouvant un seigneur richement vêtu, don Alvar de Portugal, il crut qu'il était le roi, et se jetant sur lui avec son cimeterre, il lui en porta un coup furieux, pendant qu'il causait avec Béatrix de Bovadilla. On se jeta sur ce furieux et on le perça de mille coups. Ainsi Ferdinand échappa à la mort.

Cet audacieux attentat jeta la consternation dans l'armée, et Isabelle elle-même, ordonna alors que dorénavant les personnes royales seraient gardées par un corps spécial, qui répondrait de leur sûreté. — Ce corps spécial, composé des plus nobles et jeunes seigneurs de Castille et d'Aragon, fut le principe de l'institution plus développée plus tard, des gardes du corps des rois d'Espagne.

XI.

Nonobstant tous ces événements le siége de Malaga continuait et il faut le dire, la ténacité et le courage des assiégés répondait parfaitement à ceux des assiégeants : des deux côtés même impétuosité, mêmes attaques, mêmes défenses.

Cependant les munitions des chrétiens s'épuisaient, et déjà on songeait à les ménager davantage, lorsqu'on signala à l'entrée du port, deux grandes flottilles portant le drapeau des empereurs d'Allemagne.

C'était un secours de munitions et de vivres

qui était envoyé à Ferdinand, par l'empereur d'Allemagne désireux de participer à cette croisade contre les infidèles. On laisse à penser si ce ravitaillement fut bien reçu. En même temps, arrivait des ports d'Andalousie, le duc de Medina-Sidonia, avec cent galères chargées de soldats, il était accompagné d'une bonne somme de 20,000 doblas d'or, qu'il apportait aux souverains, en signe de foi et hommage.

Le siége prit alors une couleur plus prononcée. L'armée des chrétiens était ravitaillée, rien ne lui manquait, ni vivres, ni munitions, ni ardeur, ni courage, ni exemple; la reine Isabelle la visitait à tout instant du jour; l'assaut fut donc décidé.

Pour l'effectuer sûrement, on construisit d'abord de grandes tours, pourvues d'échelles, et de ponts-levis; puis on mina les murailles de la ville, et du côté du mur, l'escadre espagnole parvint à se mettre assez avant dans le port, pour que les boulets des forts lui passassent par-dessus la tête. Cela fait, le signal de l'assaut fut donné.

Il fut terrible, mais point décisif cependant. Les Maures tenaient toujours, et ils eussent tenu plus longtemps encore si la famine n'avait fait chez eux les plus effrayants ravages. Depuis plus de trois mois que durait le siége, les magasins de vivres s'étaient épuisés, le pain manquait, et depuis plusieurs semaines, les habitants et les soldats, ne se nourrissaient plus que de chats, de chiens, de chevaux, et même dans les derniers jours, ils avaient été obligés de fabriquer une espèce de bouillie composée de feuilles de vignes, de palmiers, et cuite avec de l'huile ; littéralement, ils mouraient de faim.

Ce fut alors que furent dites les premières paroles de capitulation. Elles furent portées au camp des souverains par une députation des principaux habitants. — Ils demandaient la vie sauve, la conservation de leurs biens, comme à Velez-Malaga, et celle de leurs mosquées.

La réponse du roi fut terrible. Il ne consentait à aucune autre condition que celle qu'il tirerait de sa vengeance.

Une seconde députation, se présenta alors au camp, elle avait pour mission de dire aux souverains, que le peuple de Malaga était décidé à s'ensevelir tout entier, sous les ruines de la ville à laquelle elle aurait mis le feu, si les conditions d'humanité qu'elle réclamait n'étaient point accordées; mais qu'auparavant les chrétiens prisonniers qui étaient retenus dans les prisons de la ville seraient pendus sur les remparts, à la gloire des soldats malheureux du Croissant.

Ferdinand, ne se laissa point intimider par ces menaces, il résista, et alors pour la troisième fois, une députation des principaux habitants, reconnaissant leur impuissance, vint s'en remettre à la discrétion des vainqueurs.

Ils étaient porteurs d'une lettre dans laquelle, on rappelait aux souverains, avec quelle générosité, les rois leurs prédécesseurs avaient autrefois accordé aux musulmans de Cordoue et d'Antequera des conditions honorables, lettre à laquelle Ferdinand ne daigna faire aucune réponse.

La reddition de Malaga fut donc fixée au 18 août. Dès la veille, tous ses forts avaient été occupés par des chrétiens et l'étendard castillan, flottait sur toutes les tours et les mosquées.

Le lendemain, Ferdinand et Isabelle, faisaient leur entrée en grand apparat. La reine Isabelle, ordinairement si simple, tenait à être dans ces circonstances revêtue des plus beaux attributs de la souveraineté, — elle était accompagnée de tous les grands seigneurs, de tous les vaillants capitaines de l'armée, revêtus de cuirasses, et suivis de leurs porte-fanions, aux couleurs étincelantes : ce fut ainsi qu'elle se rendit à la grande mosquée, purifiée la veille par les soins du cardinal de Mendoza et qu'elle y entendit le *Te Deum* d'actions de grâces, pour remercier le Dieu des chrétiens de cette précieuse conquête.

XII.

Restaient les conditions auxquelles Ferdinand avait fixé la capitulation : elles étaient des plus dures.

Le tiers de la population devait être transporté en Afrique pour faire place aux chrétiens qui viendraient s'établir à Malaga, et cela, en échange des chrétiens que les Maures d'Afrique retenaient en captivité. Un autre tiers de la population devait servir au payement de la somme destinée à rembourser les frais de la guerre. La rançon fut fixée à 30 doblas par tête. Sur les quinze mille habitants que contenaît Malaga, on peut compter ce qu'il en resta, et dans quel état.

Dans cette capitulation et les conditions qui se réglèrent, la reine Isabelle fut encore la providence des vaincus. Ce fut elle qui s'opposa de tout son pouvoir à tout ce que la vengeance conseillait d'abord à un vainqueur impitoyable. On avait parlé de passer la garnison au fil de l'épée; Isabelle, à ce mot, se leva, et par quelques paroles brèves et souveraines, obtint que l'honneur dû à des combattants malheureux fût respecté, ce qui eut lieu. Ce nouveau trait vient marquer une fois de plus la différence essentielle qui existait, en toutes choses, entre le caractère de la reine et celui de Ferdinand son époux. Heureusement, c'était toujours cette dernière qui, par sa sagesse et son humanité, finissait par l'emporter.

La ville de Malaga conquise entraîna la soumission de toutes celles qui l'avoisinaient, et l'on put, dès ce moment, regarder la grande entreprise de la reconquête comme ayant fait un pas décisif. Désormais, Grenade demeure presque sans communications avec l'Afrique, et la mer, — un seul port lui reste, Almeria, et il est sans grande importance, mais il était nécessaire de s'en emparer avant de songer à la grande attaque de Grenade.

1487 — 1492

CHAPITRE CINQUIÈME.

SOMMAIRE.

1487-1492. — Attaque de Baza. — Difficultés de l'entreprise. — Projets de retraite. — Isabelle s'y refuse énergiquement. — Ses sacrifices. — Ses soins du soldat. — Création des ambulances militaires. — Isabelle accourt au camp. — Capitulation de Baza. — Prise d'Almeria. — Campagne de Grenade. — Grenade. — Son gouvernement. — Situation de la ville. — Les deux forteresses, l'Alhambra et l'Albaycin. — La *Vega*. — Armée d'Isabelle. — Son camp. — Incendie de sa tente. — Le camp est brûlé. — Fondation de la ville de Santa-Fé. — Offres de capitulation; premières négociations. — Gonzalve de Cordoue, négociateur. — Sédition à Grenade. — Accord sur les conditions de la capitulation. — Isabelle et Ferdinand se rendent à la citadelle de l'Alhambra. — Le roi de Grenade remet les clefs de la ville. — Les souverains redescendent à Santa-Fé. — Entrée solennelle des souverains à Grenade. — Les bannières royales sur la neuvième tour de l'Alhambra. — Le roi de Grenade se retire dans la montagne. — Paroles de la sultane Zoraya. — Conséquences de la conquête de Grenade. — Tableau de la prospérité de la Castille depuis l'avénement d'Isabelle. — Population. — Revenus de la couronne. — Agriculture. — Orfévrerie. — Tissus. — Émaux. — Céramique. — Marine militaire. — L'armée. — L'artillerie. — Les mines du nouveau monde. — Édit de 1492 contre les Juifs. — Leur expulsion. — Révolte des Alpuxarres (1500). Le roi Ferdinand soumet les révoltés.

CHAPITRE CINQUIÈME.

I.

La reine qui avait passé l'hiver à Medina-del-Campo, avec le roi son époux, arrivé d'Aragon ; prit la route de l'Andalousie et arriva à Jaën, le 27 mars 1489.

C'est à Jaën qu'avait été fixé le rendez-vous général des forces qui devaient composer l'armée destinée à la campagne d'Almeria. Ces forces atteignaient le chiffre de quinze mille chevaux et quatre-vingt mille fantassins, bien commandés, bien armés, bien pourvus d'artillerie. — L'armée se dirigea d'abord de Jaën sur Baza. Baza était la seule ville avec Guadiz, dans le nord du royaume de Grenade qui tînt encore pour le roi maure.

Située, non loin de Guadiz, sur le penchant de la Sierra, au pied de laquelle coule une petite rivière, Baza renfermait une garnison nombreuse (vingt mille hommes) envoyée en toute hâte de Grenade; elle était décidée à une résistance opiniâtre.

La ville était ceinte de murailles, des portes en fermaient l'entrée.

Au pied de ces murailles, s'étendait une vaste vallée, plantée, ombreuse, coupée de mille cours d'eau, et de canaux profonds, peuplée d'une multitude de maisons de plaisance de ses riches habitants. — On n'arrivait dans cette vallée, que par des défilés difficiles et protecteurs de ceux qui menaient dans cette petite cité une vie heureuse et presque indépendante. Baza avait toujours passé pour former à elle seule comme une sorte de petit royaume neutre, qui se gouvernait lui-même et payait fort mal les impôts dus aux califes. C'était une république, touchant par ses mœurs, par son indépendance, et par son énergie, à ses célèbres voisins des Alpuxarres, les maîtres absolus des montagnes qui les cachaient à tous les yeux.

La première opération du roi Ferdinand fut de s'emparer des jardins qui entouraient la ville; puis comme ce terrain coupé de tous côtés par les canaux et les prises d'eau rendait l'action de la cavalerie impossible, on la démonta, et on la convertit en fantassins.

La première attaque des chrétiens fut dès l'abord assez favorable, mais bientôt, Ferdinand s'aperçut que s'avancer jusqu'au pied des murailles était chose aussi dangereuse qu'impossible. Chaque pouce de terrain conquis était repris un moment après, puis dans ces escarmouches, on perdait beaucoup de monde : les Maures abrités derrière un mur, un arbre, visaient leurs adversaires à coup sûr, et n'en manquaient pas un. — C'est ainsi que dans l'une de ces escarmouches, l'illustre seigneur d'Illuesca, don Juan de Luna, un des bons capitaines de l'armée avait été tué : — Ferdinand se décida donc à asseoir, s'il le pouvait son camp, dans un autre endroit.

Pour cela faire, il assembla son conseil de guerre, mais il trouva dans tous ses officiers un tel découragement, une telle crainte, assez justifiée d'ailleurs, de se voir pris entre deux feux par l'arrivée des forces ennemies qui pouvaient venir de Guadiz; qu'il se sentit fort ébranlé. — « Quand l'avantage d'une conquête, lui dit le duc de Guadiz, égale au moins les dangers, si le succès est heureux on se dédommage par le fruit qu'on en retire; et si l'on réussit mal, du moins est-ce une sorte de consolation de voir que l'affaire méritait la peine qu'on s'était donnée. — Si le siége dure jusqu'à l'hiver et que les rivières viennent à déborder comment faire pour se retirer ; il faudra nécessairement périr, si nous ne prenons de bonne heure nos mesures. Je frémis seulement quand je pense au malheur dont nous sommes menacés et en vérité, sire, Votre Majesté est trop prodigue d'une vie d'où dépendent nos vies et nos victoires. »

Ces paroles ébranlèrent fort le roi, il se décida à en référer à la reine qui était alors à Jaën. Une ligne d'estafettes portait les dépêches du roi, de Baza à Jaën en deux heures.

II.

La reine, celle que l'on consultait toujours en toutes choses, parce que l'on connaissait sa prudence et en même temps son énergie, répondit par un refus formel de retraite et tout au contraire par l'ordre de poursuivre le siége avec opiniâtreté.

A cet effet, elle envoya toutes ses réserves, tout l'argent qu'elle avait pu réunir, et elle remit à Dieu et au courage des siens la fin de cette difficile entreprise.

L'énergie de la reine se communiqua à l'armée, et toutes mesures furent prises pour assurer le camp, contre les incursions de l'ennemi, et les ravages que les pluies d'automne ou d'hiver pourraient lui causer. A cet effet, les chrétiens se construisirent près de neuf cents huttes, en terre, couvertes en tuiles, ou en branchages, et cette ville nouvelle élevée en moins d'une semaine, devint bientôt le centre de toutes les industries qui suivent les camps. — La reine y envoya d'abord de Jaën, des grains, des farines, puis apprenant que des maladies épidémiques lui moissonnaient une quantité considérable de ses pauvres soldats, par suite de l'humidité qui régnait dans le camp; elle y expédia tous les médicaments nécessaires. Mais, malheureusement, Isabelle n'avait pas compté avec les éléments : des orages épouvantables vinrent vomir des torrents sur le camp, maisons, tentes, tout fut emporté. Isabelle, à cette nouvelle, sentit son ardeur se réveiller, — les routes étaient coupées, elle y envoya six mille pionniers pour les réparer, les empierrer; elle fit jeter des ponts sur les rivières, elle ouvrit des passages plus courts et plus sains à travers les montagnes et bientôt, à l'aide de tous ces ouvrages, le camp était instantanément ravitaillé ; quatorze mille mules toujours sur la route étaient occupées à cette besogne.

Des renforts considérables d'hommes furent également dirigés sur le camp pour combler les vides, et comme l'argent manquait, elle eut recours à tous ceux qui en avaient. Les particuliers, les communautés religieuses, tous furent sollicités, utilement ; elle aliéna quelques domaines propres de la couronne, et pour dernière ressource, on la vit engager à des marchands de Barcelone, jusqu'aux bijoux de la couronne, contre l'argent qu'ils consentirent à avancer.

Avec de semblables moyens, inspirée par de semblables sacrifices, la reine était sûre d'être comprise de son armée : son armée tout entière la demanda, il lui semblait, qu'elle présente, la victoire était avec eux : tant cette héroïque femme savait donner à ses chers soldats confiance et dévouement.

III.

La reine arriva au camp de Baza, le 7 novembre. Elle était accompagnée de toutes les dames de sa cour.

Toute cette escorte de femmes à cheval, précédées de la jeune reine, au milieu des bannières, et au son des fanfares, frappa tellement les Maures eux-mêmes que tous sortirent sur le rempart pour contempler ce spectacle étrange et magnifique. Du côté des chrétiens, le roi, avec tous ses chevaliers, alla au-devant de la reine, devant laquelle tous s'inclinèrent, en lui souhaitant la bonne arrivée.

La reine, le lendemain de son arrivée, passa en revue son armée : elle était montée sur un cheval andalou fringant et fier de celle qu'il portait, à la crinière flottante et aux naseaux enflammés. La reine accueillie avec amour par tout son monde, eut une parole, un sourire pour tous et pour chacun ; et répondit par un geste sympathique aux cris répétés de *Castille, Castille pour notre* ROI, *Isabelle!* Elle avait son armée dans la main.

Elle n'en eut heureusement pas besoin. Les défenseurs de Baza, à la vue de la reine, se rendant compte d'un côté, de l'enthousiasme de son armée ; de l'autre des désastres qu'ils avaient déjà subis ; se prononcèrent pour une capitulation, mais une capitulation digne de leur honneur.

Ferdinand, toujours si dur envers l'ennemi qu'il avait combattu, n'osa cette fois demander même qu'il fût traité avec cette rigueur qui lui était habituelle ; il laissa à la reine le soin des conditions de la capitulation.

Elle fut aussi douce que possible. La garnison sortit avec les honneurs de la guerre, les habitants purent se retirer où ils le désireraient, avec leurs effets mobiliers; ceux qui restaient devaient payer à la couronne de Castille les mêmes redevances qu'ils payaient au roi maure. Leurs propriétés, leur religion et leurs mosquées leur furent conservées.

Ces bonnes et douces conditions devaient être fructueuses. — Sentant que désormais, toute la partie du territoire qui s'étend de Baza à la mer, jusqu'à Almeria; était dans l'impossibilité de résister plus longtemps aux rois chrétiens, le vaillant alcalde de qui relevaient ces domaines, fut le premier à entrer en composition avec la reine, et après une courte entrevue, il fut convenu, que les villes de Guadiz, et d'Almeria, ainsi que leurs territoires seraient remis aux chrétiens.

En échange de cette cession, on lui accorda une sorte de royauté, dans le district reculé d'*Andarras* avec une grande somme d'argent. Il n'en jouit pas longtemps. — Consumé de chagrin, et probablement de remords, il passa bientôt en Afrique où il alla mourir obscurément et pauvrement.

Les rois chrétiens, se rendirent alors immédiatement à Almeria, dont les portes leur furent ouvertes sans obstacle; puis remontant vers Guadiz dont ils prirent également possession, ils rentrèrent à Jaën, heureux et triomphants.

La campagne était terminée. Restait Grenade; Grenade la capitale, la seule ville de ce royaume qui déployât encore sur ses murs le drapeau de l'islamisme.

C'était la dernière étape à parcourir avant d'avoir délivré la patrie de ceux qui l'occupaient, depuis plus de sept cents ans.

Isabelle, à cette pensée, sentit renaître en son cœur, cette flamme de patriotisme et d'honneur et de foi, qui n'avait cessé de la diriger dans toutes ses expéditions, et elle prépara avec le soin qu'elle savait mettre à toutes choses, cette suprême conquête.

Toute l'année 1490 fut employée en préparatifs. Quelques Maures de Guadiz avaient relevé la tête et conspiré, ils furent bannis et allèrent se réfugier à Grenade. En avril 1491, tout fut prêt, la reine resta à Séville, et le roi suivi de toute l'armée arriva devant Grenade, le 26 avril.

L'armée comptait quatre-vingt mille hommes, c'était la plus belle qu'on eût encore vue. Tous les seigneurs et chevaliers du royaume avaient voulu en faire partie, les marquis de Cadiz, de Villena, comtes de Tendilla, de Cabra, de Trena y étaient avec leurs contingents.

L'armée arrivée dans la plaine immense qui s'étend en vue de Grenade, s'arrêta à quelques lieues des remparts, et les contempla. C'était la dernière conquête réservée à ses armes, le couronnement de la grande œuvre patriotique et chrétienne, léguée à sa bravoure et à son honneur!

IV.

Grenade, nous l'avons dit plus haut, était une grande ville entourée d'une muraille, — elle était flanquée de mille trente tours, — elle avait sept portes.

Lorsque les Espagnols se présentèrent devant elle, sa population était encore de deux cent mille habitants. Cette population avait été augmentée successivement de tous les Maures, non convertis, qui étaient sortis de toutes les villes que nous venons de voir prises par les armées chrétiennes. — Sa garnison était nombreuse.

La population de Grenade était divisée depuis longtemps déjà en plusieurs partis; et une révolution nouvelle s'y était faite.

Le neveu du roi, ce vaillant défenseur des gorges de l'Axarquie, avait été déposé à son tour, et Aldallah el Zagal (Boabdil), le frère du vieux roi, avait été réintégré sur le trône. Boabdil, au milieu des luttes qui chaque jour ensanglantaient les rues mêmes de la capitale, n'avait ni pouvoir, ni sympathies. Il était un homme découragé, prédestiné, au sort qui le menaçait, affaibli par la débauche, et peut-être le premier, disposé à traiter avec un ennemi qu'il savait ne pouvoir vaincre.

Tel était le monarque qu'Isabelle venait combattre.

La ville de Grenade, nous l'avons dit plus haut, était défendue par deux forteresses importantes, bâties l'une et l'autre sur deux montagnes escarpées. Ces deux forteresses étaient l'Albaycin et l'Alhambra. L'Alhambra était le palais où résidait le souverain, l'Albaycin, la forteresse principale où se trouvait l'armée.

Entre ces deux montagnes, s'étendait la

ville avec ses places, ses promenades et ses mosquées; enfin au fond de cette petite vallée, coulaient au pied des remparts, les deux rivières le Xenil et le Darro, qui allaient arroser et fertiliser ensemble la grande plaine la *Vega* de Grenade.

La *Vega* est une immense plaine, une prairie, un jardin de trente lieues d'étendue. Rien n'égalait sa fécondité.

C'est dans cette *Vega* que l'armée chrétienne était arrivée le 26 avril, et avait campé.

A la vue de cette armée, établie presque sous leurs murailles, les Maures furent saisis d'indignation plutôt que de crainte, et immédiatement, de toutes les portes de la ville des sorties eurent lieu. Ces sortes d'engagements, et de courses rapides ne pouvaient faire grand mal à une armée régulière et organisée; les chevaliers espagnols les prirent alors pour ce qu'elles étaient, et le plus souvent, elles se terminaient par des joutes de valeur entre les chevaliers des deux nations.

A ces joutes, à ces passes d'armes, les Maures étaient habiles, les Castillans ne l'étaient pas moins, et toutes les romances du temps ont chanté ces chevaliers, qui venaient ainsi à la vue des deux camps, se disputer le prix du courage.

Mais, tous ces jeux n'étaient point sérieux, l'arrivée de la reine au camp, rendit à l'attaque toute son importance.

V.

Isabelle, arriva au camp entourée comme toujours, de toutes les dames de sa cour, à cheval comme elle; et elle s'établit dans la tente qui lui avait été préparée, au milieu même de celles de ses soldats.

La tente de la reine était installée avec un luxe dont nous n'avons aucune idée de nos jours. Les étoffes les plus précieuses lui servaient de tentures et de rideaux, ses meubles de bois finement sculpté, étaient tous recouverts de cuirs dorés de Cordoue, le service de sa table se faisait dans une argenterie ciselée à ses armes ; enfin le nombre de ses officiers, de ses dames, de ses gens, était celui qui convenait à l'une des plus grandes souveraines du temps.

Le roi avait sa tente séparée. Chacun des grands, des cardinaux et des évêques, des grands maîtres des ordres militaires, avait la sienne surmontée de sa bannière, à ses armes : — au milieu du camp, s'élevait l'autel destiné à la célébration de la messe qui s'y disait chaque matin, devant l'armée tout entière. Cette messe était ordinairement célébrée par un cardinal, ou un archevêque, revêtu de ses plus beaux ornements. C'était la chapelle royale qui avait fourni les vases sacrés, les grandes croix d'argent, les grands encensoirs, et les grands flambeaux.

La reine, le roi, la cour tout entière, assistaient avec l'armée à cette messe de chaque matin, et tous à genoux, y demandaient au même Dieu la réussite de leur entreprise et la gloire de leurs armes.

Pendant les premiers jours, les hostilités furent vives des deux côtés, beaucoup de prisonniers furent faits par les chrétiens, on sut par eux quelle était la situation de la place, ce que pouvait l'armée ennemie, pour combien de temps elle avait de vivres, de quels moyens elle pouvait disposer, et de toutes ces révélations, on augura que le siége ne serait peut-être pas d'aussi longue durée, et aussi meurtrier qu'on l'avait craint.

Les jours se suivaient ainsi, lorsqu'une nuit,

un événement désastreux vint jeter l'épouvante dans le camp.

La reine s'était retirée dans sa tente, et elle s'était endormie, lorsque vers les deux heures de la nuit, une lampe laissée par un domestique trop près d'un rideau, avait mis le feu. La flamme avait alors envahi toute la tente, la reine à peine vêtue n'avait eu que le temps de s'échapper, et le feu, comme par une étincelle, s'étant communiqué aux tentes voisines, tout le camp avait été livré à un embrasement général. Alors, les sentinelles avaient aussitôt donné l'éveil, les trompettes avaient sonné, et l'armée entière avait réussi à éteindre ce funeste incendie.

Les Maures, — à ce bruit et à cette immense lueur qui éclairait toute la Vega, — avaient accouru sur leurs remparts et contemplaient d'un œil étonné et satisfait cet accident qui, peut-être, allait les délivrer.

Il n'en fut pas ainsi. Tout au contraire, la

reine pour parer à tout autre accident de ce genre, décida de bâtir une ville, sur le même emplacement. On se retira, en attendant, dans quelques villages voisins, on fit venir de toutes les villes voisines de l'Andalousie autant d'ouvriers qu'il en fallait (douze mille), et en moins de trois mois, les Maures virent s'élever au milieu de la Vega, une véritable ville, à laquelle la reine, donna le nom de *Santa-Fé*, en commémoration de la foi, témoignée par son armée et son peuple, dans cette guerre.

Si les Maures eussent été plus avisés, et s'ils l'eussent bien voulu, ils auraient évidemment pu très-facilement empêcher l'édification de cette ville; mais déjà, ils sentaient leur faiblesse, et un faquir leur prédisait chaque matin que les derniers jours allaient arriver.

VI.

Ces jours, en effet, étaient proches. Vers le commencement d'octobre, les principaux conseillers du roi Boabdil, lui firent entrevoir de quelle gravité était la situation. — Le blocus établi autour de Grenade était complet, rien n'y pouvait entrer ; tout ravitaillement d'hommes ou de munitions par l'Afrique était coupé, Malaga et Almeria étant au pouvoir des chrétiens ; une sortie générale de la garnison, une trouée seule était possible, mais où conduirait-elle, dans un pays tout entier au pouvoir de l'ennemi ? — Toutes ces considérations, si justes d'ailleurs, donnèrent fort à réfléchir à Boabdil, elles n'étaient que l'écho du sentiment public ; on se décida donc à faire les premières tentatives d'une capitulation.

Le Grand Capitaine
Gonzalve de Cordoüe
d'après un portrait du tems.

Toutefois, capituler sans que le public en sût rien, était chose difficile, aussi les ouvertures de ces négociations furent-elles des plus secrètes.

La reine, lorsqu'elle accepta ces premières offres, eut à désigner parmi les siens, celui à qui elle devait donner cette marque de la plus haute confiance.

Elle jeta les yeux sur un personnage qui, jusqu'ici n'a paru qu'une seule fois dans ces guerres, celui qui plus tard, devait jouer dans d'autres, un rôle si important.

Gonzalve de Cordoue était cet homme. La reine le savait très-fin, très-habile, il parlait la langue arabe à merveille, il connaissait depuis longtemps le caractère des Maures, il savait deviner ce qu'ils ne disaient point. Mandé auprès d'Isabelle, il reçut donc d'elle la délicate mission du traité à conclure avec Grenade.

Les négociations commencèrent : — cependant, quelques secrètes qu'elles furent, on n'avait pu cacher aux sentinelles préposées aux portes de la ville, les continuelles entrées et sorties de certains habitants. Le soupçon se fit bientôt jour, et un matin, une sédition éclata dans la ville.

Un Maure crut avoir découvert tout ce qu'on avait tant d'intérêt à taire, il appela le peuple à la révolte, et vingt mille hommes soulevés allèrent, en armes, demander au roi Boabdil, raison de ces tentatives de capitulation, qu'on leur avait si soigneusement dissimulées.

Boabdil, retiré dans la forteresse de l'Albaycin, demanda alors qu'on fît entrer les plus sages d'entre eux, et leur tint ce discours, que nous rapportons tout entier, comme l'une des dernières paroles que le dernier des rois maures adressa à ses sujets :

« Si je crois devoir vous avertir de ce qui vous est avantageux, c'est que votre considération et votre bien m'y déterminent uniquement, et non pas mon intérêt particulier comme on a eu l'audace et l'injustice de le soupçonner. Rien ne m'était plus aisé que d'appeler nos ennemis et je pouvais remettre entre leurs mains le château de l'Alhambra : vos démarches et la conduite que vous avez tenue jusqu'ici à mon endroit étaient des motifs assez forts pour me déterminer à prendre ce parti; afin de me venger des outrages que j'ai reçus. Néanmoins tant que vous avez été en état de vous défendre, que la ville n'a point manqué de provisions, en un mot, que l'espérance de faire échouer les projets de nos ennemis nous a soutenus, je n'ai point parlé de paix : j'avoue que j'ai fait une faute inexcusable de m'être trop fié aux ennemis et de m'être soulevé contre le roi, mon père, j'en suis, assez puni. Mais puisqu'il ne nous restait plus de ressources, j'ai cru devoir conclure avec l'ennemi, un traité sinon avantageux, au moins conforme au temps et à la dure nécessité où nous nous trouvons. Je ne puis comprendre les motifs qui obligent les mutins à s'opposer à une paix si sagement ménagée. Si de votre côté vous pouvez trouver quelque remède à nos malheurs, s'il vous reste encore quelque ressource, je serai le premier à détruire mon propre ouvrage et à rompre l'accommodement, mais si tout nous abandonne, si nous n'avons ni forces, ni vivres, ni secours à espérer, quelle fureur nous transporte et nous aveugle? Par quel esprit de vertige voulons-nous courir nous-mêmes à notre perte? De deux malheurs quand on ne peut éviter l'un ou l'autre, les gens sages, tels que je vous croyais, conseillent d'éviter le plus grand. Tout ce que vous avez appartient au vainqueur, vous êtes réduits aux dernières extrémités, et ce qu'on vous laisse doit passer pour une grâce dont vous serez uniquement redevables à la générosité de nos ennemis. Je n'examine point s'ils gardent leur parole, j'avoue qu'ils ne l'ont violée que trop souvent, peut-être en sommes-nous aussi la cause nous-mêmes. Le motif le plus capable d'obliger des hommes à observer de bonne foi les traités, c'est de leur marquer de la confiance. D'ailleurs, qui nous empêche de prendre des précautions? Ne sommes-nous pas en droit de demander des sûretés et d'exiger des places fortes et des otages considérables? L'ardeur et l'empressement qu'ils ont de terminer au plus tôt cette guerre les fera sans doute passer par-dessus toutes les difficultés. »

Ce discours, très-peu patriotique, calma cependant les esprits : il apprenait à tous qu'il en était fait de l'existence même de la ville de Grenade et par conséquent du royaume et de la domination musulmane en Espagne, tous se résignèrent et attendirent.

De là, à la capitulation; il n'y avait qu'un pas.

VII.

La capitulation fut traitée au petit village de Churriana, à une lieue à peu près de Grenade. Ses conditions furent très-longuement et minutieusement discutées. Il s'agissait non-seulement de la reddition d'une ville, d'une ville capitale, mais encore de toute une dynastie qui, vaincue par les armes, devait, au bout de sept cents ans, aller mourir sur une autre terre, passer les mers, et se faire oublier dans les déserts de l'Afrique.

Enfin le 28 novembre 1491, on se trouva d'accord, et Gonzalve put rédiger ce grand acte.

Les conditions de la reddition de Grenade, ne pouvaient être que douces, la reine Isabelle n'eût pas permis qu'il en fût autrement, et d'ailleurs devant un ennemi qui le premier, ouvrait ses portes, il n'y avait point de place pour des rigueurs inutiles.

Ces conditions étaient celles-ci :

Les habitants conservaient leurs mosquées. L'exercice de leur culte leur était réservé. — Leurs lois étaient également respectées ; seulement leurs magistrats demeuraient soumis au contrôle de l'autorité castillane.

Leur langage, leur costume, était chose maintenue.

La possession entière de leurs propriétés leur était assurée, ils pouvaient en disposer à leur gré et comme seuls maîtres. Ils pouvaient, à leur volonté rester ou émigrer ; — s'ils désiraient émigrer ou passer en Afrique, des vaisseaux étaient mis à leur disposition pour ce trajet gratuit. Les taxes qu'ils auraient à payer à la couronne étaient les mêmes que celles qu'ils payaient à leur souverain. — Ils étaient exempts de tout impôt pendant une période de trois ans. Des otages étaient exigés.

Quant au roi Boabdil, on lui accordait un petit territoire dans les Aspuxarres, où il devait régner et on assurait son indépendance en le reconnaissant solennellement.

La garnison de la ville avait les honneurs de la guerre, elle était plus tard désarmée, les forts et l'artillerie étaient rendus soixante jours après la signature de la capitulation.

Telles étaient les conditions. Toutefois, en présence de l'agitation qui régnait dans la ville, des menaces de la populace, des divisions qui pouvaient venir briser d'une manière violente cette capitulation, Boabdil lui-même fut le premier à demander que le jour de la reddition de la ville fût avancé : il fut en conséquence fixé au 2 janvier (1493).

A ce jour, tout se disposa alors pour aller prendre possession de la forteresse de l'Alhambra. On n'arrive à cette forteresse située sur la montagne qui est à la droite de la Vega, que par un chemin étroit, rude et escarpé.

Le roi, la reine, et toute leur suite s'engagèrent dans ce chemin dès l'aube du 2 janvier. Ils étaient accompagnés et suivis d'une escorte de tous les grands du royaume, de tous les principaux officiers de l'armée et d'un corps de troupes considérable.

Comme ils approchaient de la porte de la forteresse, ils trouvèrent, à cheval et accompagné seulement de cinquante Maures, le roi de Grenade lui-même, Boabdil, qui venait présenter aux souverains les clefs de la forteresse.

Boabdil, à la vue de la reine, descendit de cheval, et allait, en signe d'hommage, baiser la main de la souveraine, lorsque cette dernière la retirant, lui fit signe qu'elle l'en dispensait.

Boabdil alors, remit les clefs entre les mains du roi, et lui dit : « Nous vous remettons la ville et le royaume, — l'un et l'autre vous appartiennent, — usez-en avec clémence et modération ! »

Le roi prit alors les clefs, les remit au comte de Tendilla, déjà nommé gouverneur de l'Alhambra, et entra à cheval dans les cours de la forteresse. Le drapeau castillan fut immédiatement hissé sur la grande tour de la forteresse, et l'armée qui était restée dans la plaine, le salua par ses vivat enthousiastes : *Castille, Castille pour la reine!*

Cela fait, le roi redescendit par le même chemin, à son camp, et s'apprêta à faire avec l'armée son entrée triomphale dans la ville. — Cette entrée eut lieu le 6 janvier, par la porte du *Triomphe :* — cette même porte par où celui qui écrit ces lignes entrait avec son régiment de cavalerie, trois cent trente-cinq ans après[1] (1827).

---

1. M. de Nervo a été officier au service d'Espagne pendant de longues années.

VIII.

A leur entrée dans Grenade, le roi et la reine Isabelle, marchaient à cheval en tête de l'armée tout entière. — Ils étaient revêtus de leurs plus magnifiques habits, ils étaient suivis de toute la noblesse du royaume; suivis de cette brave armée qui depuis l'avénement d'Isabelle, n'avait pas manqué une action, un combat ; — tous vieux et braves soldats, ivres de joie, fiers de leur jeune reine, et d'eux-mêmes.

Ce fut un spectacle magnifique. La ville était cependant à peu près déserte, les habitants par un reste de pudeur, s'étaient renfermés dans leurs maisons où ils cachaient leur douleur et leur honte. — Les souverains se rendirent ainsi en grande escorte, à la cathédrale qui avait été purifiée d'avance.

Là, le roi et la reine, descendirent de cheval, et allèrent s'agenouiller sur les riches prie-Dieu qui leur avaient été préparés.

Un *Te Deum* solennel fut chanté, et l'archevêque de Tolède donna sa bénédiction aux assistants, en mémoire de cette grande conquête.

A l'occasion de la prise de Grenade, le pape accorda aux souverains le titre de *rois catholiques*, et c'est de cette époque que la reine Isabelle prit sur tous les actes publics, comme dans l'histoire, le nom d'Isabelle-la-Catholique.

Ce fut également à cette époque, que dans l'écusson des armes d'Espagne, fut ajoutée la *Grenade* qui y figure, comme souvenir de la conquête.

Un des grands de la cour d'Isabelle avait dit : « C'est grain à grain qu'il faut manger la grenade (*grano á grano se ha de comer la granada*). » Dès lors, la grenade était mangée tout entière et la libération du territoire chrétien était complète.

En mémoire aussi de ce grand événement, on grava sous la voûte d'une des portes de l'Alhambra l'inscription suivante :

« Les très-hauts, très-catholiques et très-puissants seigneurs don Fernando et doña Isabel, notre roi et notre reine, nos maîtres, ont conquis par la force des armes, ce royaume et cette ville de Grenade ; laquelle après avoir été assiégée longtemps par Leurs Altesses leur fut livrée par le roi maure, ainsi que l'Alhambra et d'autres forteresses, le deuxième jour de janvier de l'an mil quatre cent quatre-vingt-douze. Ce même jour, Leurs Altesses nommèrent comme gouverneur (alcayde) et capitaine de la place, don Inigo Lopez de Mendoza, comte de Tendilla, leur vassal, qui fut au moment de leur départ laissé dans l'Alhambra avec cinq cents cavaliers et mille fantassins, et Leurs Altesses ordonnèrent aux Maures de rester dans la ville et dans leurs villages (alcarias). Ledit comte commandant en chef, a fait creuser cette citerne par l'ordre de Leurs Altesses. » — Cette inscription avait été placée primitivement au-dessus de cette citerne.

Sur la grande tour de la Vela une même inscription, rappelle le moment où les étendards de cette ville y furent arborés :

« Le deuxième jour de janvier 1492, de l'ère chrétienne, après sept cent soixante-dix-sept ans de domination arabe, la victoire étant déclarée et cette ville étant livrée aux saints rois catholiques ; on plaça sur cette tour, comme une des plus hautes de la forteresse, les trois étendards, insignes de l'armée castillane et les saintes bannières étant arborées par le cardinal Gonzalez de Mendoza et par Guttierez de Cardenas ; le comte de Tendilla agita l'étendard royal tandis que les hérauts d'armes disaient à haute voix : Granada, Granada (Grenade gagnée) par les illustres rois de Castille. »

Le roi maure de son côté, l'infortuné Boabdil, après avoir remis les clefs de l'Alhambra à ses vainqueurs n'avait point tardé à s'éloigner de cette ville qui ne lui appartenait déjà plus. Suivi de la sultane Zoraya, et de quelques tristes amis, il avait pris sa route à travers la montagne et arrivé sur la hauteur de la Palud, appelée depuis le *Dernier soupir du Maure* (*El ultimo suspiro del Moro*), il s'était retourné, avait regardé pour la dernière fois sa chère Grenade, et versé des larmes amères : « Pleure-la en femme, lui avait dit alors Zoraya, puisque tu n'as pas su la défendre en homme! »

Boabdil se retira dans les domaines qui lui avaient été concédés par les rois catholiques dans les Alpuxarres, mais il ne put y rester. — Bourrelé de remords, consumé de chagrin, au milieu des chrétiens qui l'environnaient de tous côtés, il vendit ses propriétés à la reine de Castille pour la somme de 80,000 ducats d'or et se retira à la cour de Fez, où il alla bientôt mourir.

Au moment où disparaît pour toujours du

sol de la Péninsule cette race intelligente, valeureuse et splendide des Arabes, si fatalement tombée, et si dégénérée qu'elle était; on ne peut cependant se séparer d'elle, sans se souvenir de ce qu'elle fut pendant sa longue domination. — Amie des arts, des savants, des lettres, brave à la guerre, secourable aux pauvres; elle eut le sentiment intime de toutes les grandes choses, de toutes les grandes entreprises. — Ses mosquées, ses palais, ses académies, ses hôpitaux étaient autant de merveilles qu'ils laissaient à la mémoire comme à l'admiration de leurs vainqueurs.

Les dynasties sont comme les familles : la postérité ne conserve en mémoire que les noms de ceux qui les ont illustrées, elle oublie les autres. C'est ainsi que la postérité, oubliant les descendants dégénérés des califes, ne se souviendra que des Abdérames qui nous ont révélé tant de merveilles, de magnificence et de sagesse, — ils furent les Médicis de leur temps.

IX.

La conquête du royaume de Grenade, donnait à la Castille et à l'Espagne tout entière, une importance qu'elle n'avait jamais eue. Cette Castille, en effet, que n'avait-elle pas fait depuis ces sept siècles qu'elle n'a pas cessé de combattre?

En 1037, un vieux refrain du pays disait d'elle :

>Hartó era Castilla
>Pequeño rincon
>Amaya era su cabesa
>Y Fitero el moyon.

>Alors la Castille était
>Un petit coin,
>Amaya était sa tête
>Et Fitero sa limite.

Aujourd'hui, tout est à elle. Depuis les âpres

montagnes des Asturies, jusqu'aux rives enchantées de la Méditerranée, — depuis les rives de l'Èbre jusqu'aux frontières de Portugal ; — elle a tout gagné, tout conquis pied à pied, à la pointe de son épée.

Tous ses rois, les uns après les autres ont voulu ajouter un fleuron à cette couronne. L'un a pris Tolède, l'ancienne capitale des Goths, l'autre Cordoue, celui-ci Séville, celui-là Valence ; il était réservé à Isabelle de s'emparer enfin du seul royaume où l'étendard de Mahomet flottait encore. — Par cette grande conquête, la patrie était libre, tous reconnaissaient la même loi, tous saluaient la même reine, tous priaient le même Dieu. — Unité de sol, unité de foi, unité de monarchie ; telles étaient les trois grandes conquêtes qu'Isabelle avait su réaliser depuis son avénement.

X.

Dix-huit ans à peine viennent de s'écouler, depuis que la reine Isabelle a pris la direction suprême du pouvoir. Dans cette courte période, il est curieux de signaler tous les progrès, les progrès merveilleux déjà accomplis en Castille, sous ce gouvernement intelligent et réparateur.

Isabelle, infatigable aux travaux de la paix, comme à ceux de la guerre, résumait dans son action tutélaire, la Castille tout entière. De ses conseils et de sa patriotique initiative partait l'impulsion donnée à tout ce qui intéressait son peuple aimé, à tout ce qui touchait aux arts, aux sciences, à l'industrie, au commerce, aux grandes découvertes. — Elle avait su exciter toutes les émulations, récompenser tous les mérites, elle aimait à tout voir, à tout apprendre, à tout savoir; en un mot, sous ses auspices, population, revenus, agriculture, commerce, exportations, industries du pays, tout avait grandi à la fois.

La population de la Castille seule, qui avait eu à subir par les guerres incessantes des rois catholiques, soit entre eux, soit contre les Maures, des dépréciations si sensibles; s'était, sous le règne d'Isabelle, et malgré les émigrations forcées des juifs et des Maures non convertis, considérablement augmentée. — Le calme et la sécurité qu'avait apportés avec elle l'institution de *la Hermandad* (de la gendarmerie), avait rappelé une multitude de familles émigrées en Portugal et en France, et au moment où Grenade était conquise, déjà la Castille comptait huit millions d'habitants à elle seule. — Le royaume de Grenade lui en apportait près de deux millions, à cette époque donc, en 1492, la population sédentaire et heureuse des Castilles, pouvait être évaluée à près de dix millions d'habitants.

De son côté, l'Aragon n'avait pas moins prospéré. Son commerce et son industrie intérieurs, ses débouchés nombreux sur toutes les côtes et dans tous les ports de la Méditerranée, lui avaient attiré une quantité considérable d'étrangers qui étaient venus se fixer chez lui. Les royaumes de Valence, de Murcie, les îles Baléares, lui avaient adjoint une population nombreuse et intelligente, et déjà, à la fin du xve siècle, toutes ces populations réunies pouvaient s'élever, à neuf ou dix millions d'habitants. C'est-à-dire que ces deux grands royaumes donnaient en 1492, une population totale de plus de vingt millions d'habitants, unis, sinon par les mêmes caractères, du moins, par les mêmes intérêts et sous le même sceptre.

Avec une semblable population, avec le travail de tous; la prospérité devait bientôt s'accroître, et en effet, à cette même époque, déjà les revenus ordinaires de la couronne de Castille avaient pris un accroissement considérable. Lorsque Isabelle était montée sur le trône, en 1474, ces revenus ne dépassaient point 885,000 réaux; — en 1482, après la reprise des concessions usurpées par la noblesse ils s'élevaient à 13 millions de réaux, — en 1504, l'année de la mort d'Isabelle, ils avaient atteint la somme de 26 millions de réaux; — ils avaient augmenté de vingt-cinq fois, en trente ans. Il en avait été de même des revenus des villes et des communes qui avaient pris une extension en rapport avec la bonne administration qui les avait successivement régis.

XI.

L'agriculture avait dû naturellement participer à cette sorte de résurrection de tout un peuple.

L'Espagne, le royaume de Castille surtout, a toujours été considéré comme l'un des pays les plus facilement fertiles. Sous les rois maures, ces peuples industrieux y avaient apporté avec eux une multitude de méthodes ingénieuses et productives. Les plantations, l'art de l'arrosage, les cultures de toute nature, avaient fait des royaumes de Murcie, de Valence et de l'Andalousie tout entière, un véritable jardin. — Les provinces de Castille proprement dites étaient alors, comme elles le sont encore, le grenier de l'Espagne, c'est là que se récoltait le blé qui la nourrissait presque tout entière. Le commerce des laines d'Espagne, déjà si renommées sous les Maures, avait pris sous le règne d'Isabelle une telle importance, que déjà, c'était l'Espagne qui fournissait l'Europe de tous les draps, tissés de cette laine fine et soyeuse, le monopole des manufactures castillanes.

Les chevaux espagnols, les chevaux élevés dans les gras pâturages de l'Andalousie, avaient déjà, à cette époque, une réputation méritée ; les Arabes en avaient très-habilement perfectionné la race, les Castillans les avaient imités ; et sous le règne d'Isabelle, tout ce qu'il y avait de grand parmi les seigneurs, et les chevaliers tirait ses chevaux de ces haras préférés. — C'était aussi pour la cavalerie espagnole une ressource considérable, et Gonzalve de Cordoue, dans ses campagnes d'Italie avait dû une partie de ses succès, à la vitesse comme à la force et à la vigueur des chevaux qu'il avait amenés d'Espagne.

Les pâturages gras et fournis, de l'Andalousie principalement, aidaient singulièrement à la bonne éducation de ces chevaux. L'arrosage était une tradition comme un héritage des Maures qui l'entendaient si merveilleusement, et tout le monde connaît cette immense plaine qui s'étend au pied de Grenade, la *Vega,* plaine de trente lieues d'étendue, arrosée au son de la cloche de l'Alhambra, par les eaux réunies du Xenil et du Darro, qui venaient successivement et tour à tour porter à chacun, le trésor de leur fécondité.

Les riches productions les plus habituelles à l'Espagne étaient multiples et variées. — Elle avait ses soieries, ses armes, ses velours, son orfévrerie, ses glaces, ses émaux, sa céramique; industries qui toutes la plaçaient au premier rang, sous le règne d'Isabelle.

Les soieries espagnoles étaient à la fin du xve siècle, en usage et à la mode dans toutes les cours de l'Europe. La finesse du tissu, les dessins originaux et charmants que savaient seuls y broder les ouvriers espagnols, en avaient fait un véritable monopole. Les draps d'or et d'argent sortaient également seuls de ces manufactures préférées, on y employait, à Séville par exemple, jusqu'à cent trente mille ouvriers.

XII.

Les armes espagnoles ont toujours passé pour les premières. Les Arabes qui tenaient à leurs armes, comme à eux-mêmes, avaient poussé l'art de les tremper et de les damasquiner, jusqu'aux dernières limites. Les épées de Tolède sont européennes.

Les Maures damasquinaient en dessins d'or et d'argent leurs épées, leurs poignards : les chrétiens qui avaient hérité de cet art, ne portaient point un casque, une cuirasse qui ne fussent couverts des ornements les plus riches. — L'or, l'argent, l'ivoire, l'émail, y étaient employés avec goût, les épées et les casques conservés à l'armeria de Madrid, nous en ont laissé les types les plus curieux. Il n'était pas un chevalier qui ne voulût avoir une épée de Tolède ou une cuirasse de Ségovie. — Ce commerce des armes à l'étranger était aussi fort considérable.

Grenade avait ses velours, c'était son industrie, principale. — Ces velours de nuances différentes servaient aux tentures de tous les palais, aux meubles, aux habillements mêmes; leur épaisseur, leur finesse, en avaient fait un véritable monopole et nul, en ce temps, ne voulait que du velours de Grenade.

Cordoue avait ses cuirs dorés et repoussés. — Toutes les selles, tous les souliers, tous les gants étaient en cuirs de Cordoue : la manière dont ces dessins d'or et d'argent ressortaient sur ces cuirs de couleurs différentes, en faisaient un objet recherché de tous. Ce commerce des cuirs de Cordoue, qui occupait une grande partie de la population de cette ville, lui avait donné une prospérité notable.

L'art des tissus était dès le IXe siècle porté par les Arabes à un très-haut point. Murcie avait le monopole des tapis, Tolède, Valence et Séville, fabriquaient ceux qui avaient le plus de vogue : c'est dans ces villes aussi que se faisaient ces broderies d'église, si précieuses et si distinguées, dans lesquelles les brodeurs castillans mêlaient avec tant d'art, le corail et les perles. L'autel et tout le service de la chapelle que la reine Isabelle avait avec elle au camp de Santa-Fé, devant Grenade, sortait de la manufacture royale de Burgos, la plus renommée de toutes. Il se faisait alors un très-grand commerce de ces ornements brodés, — chasubles, — châsses, — dalmatiques, pour la cour de Rome, qui les payait au poids de l'or. C'était aussi l'un des cadeaux les plus habituels, que faisait la reine Isabelle, soit à ses évêques, soit aux reines étrangères.

Barcelone avait ses manufactures de glaces, elles rivalisaient avec celles de Venise, par leur pureté, et leurs formes gracieuses ; on trouve encore en Espagne, de ces glaces aujourd'hui d'un grand prix.

L'orfévrerie était en Espagne au xve siècle, un art héréditaire. Cet art existait déjà aux viie et viiie siècles, chez les Visigoths, qui travaillaient l'or et l'argent avec une délicatesse merveilleuse. Les couronnes d'or de Guarazar, conservées au musée de Cluny à Paris en sont un des spécimens les plus remarqués. En Espagne, il s'en trouve de semblables dans presque toutes les cathédrales, dans celles de Gerone, de Tolède, de Barcelone, de Séville. Sous les rois catholiques, tous ces ornements étaient pour les femmes une mode générale, toutes portaient de ces bijoux, fouillés, damasquinés, émaillés, qui faisaient fureur dans le beau monde de cette époque. Les émaux d'Aragon étaient les plus recherchés.

L'art de nieller sur argent, connu des Arabes, avait également trouvé des imitateurs intelligents parmi les Espagnols, et on trouvait dans ce temps, une multitude de petits meubles, boîtes, coffrets en ivoire montés de cette façon.

L'art de travailler le fer, était de son côté, arrivé en Espagne à son plus haut degré, à la fin du xve siècle. — Dans toutes les églises et les palais de cette époque, on trouvait des grilles des balcons, ciselés avec une rare perfection : la grille dorée qui ferme la chapelle royale de Grenade, dans laquelle on voit le tombeau de la reine Isabelle, est un des chefs-d'œuvre de ce genre. Elle date de 1506.

La céramique espagnole avait également une place distinguée dans l'industrie et les arts de cette époque, les Arabes l'avaient employée avec succès, tant pour l'intérieur que l'extérieur de leurs habitations. L'usage s'en était conservé parmi les Espagnols, et on trouvait partout à la fin du xve siècle de ces belles faïences hispano-moresques, sortant des fabriques de Malaga, de Valence, et de Murcie.

Telles étaient déjà, à l'époque qui nous occupe, la prospérité et les industries des royaumes d'Espagne.

Des règlements nouveaux avaient naturellement donné des lois nouvelles à ce commerce qui s'étendait à toutes les parties de l'Europe. Les navires marchands qui servaient à l'exportation de toutes ces richesses s'élevaient alors à plus de mille.

L'armée de terre avait en même temps pris à cette époque des proportions considérables. — Sous les directions du grand capitaine, Gonzalve de Cordoue, elle s'était complétement métamorphosée.

Avant lui, l'armée quelque brave qu'elle fût, manquait surtout de discipline et d'unité. Elle prenait bien une ville, un fort, mais composée d'éléments divers, amenée de divers points du territoire par les seigneurs qui la commandaient; elle n'avait ni dans l'action, ni dans la vie militaire de chaque jour, cette unité qui fait les corps forts et puissants.

Gonzalve, ainsi qu'on va le voir, dans sa célèbre campagne d'Italie, lui donna cette unité de force, de discipline, de courages qui réalisa de si grandes choses, et il en fit cette fameuse infanterie espagnole qui va laisser dans le monde une réputation qui subsiste encore.

L'artillerie suivit les mêmes progrès. Elle était à cette époque, la digne rivale de l'artillerie française qui va faire ses preuves d'une manière si remarquable, à la première campagne du roi de France, Charles VIII, en Italie.

La marine militaire suivait en même temps et de son côté, cette sorte de réorganisation inhérente à tout ce qui se faisait sous ce règne intelligent et créateur.

L'Aragon, puissance maritime au premier

chef, entretenait un nombre considérable de vaisseaux, destinés à l'immense commerce qu'il entretenait dans toute la Méditerannée, son drapeau était le maître de cette mer.

C'est dans le port de Barcelone surtout, comme dans les ports de l'Andalousie, que se préparèrent la grande expédition de la conquête de Naples, et celle, non moins fameuse, de la découverte de l'Amérique, par Christophe Colomb.

La marine espagnole était déjà, à cette époque, l'une des premières de l'Europe.

Ce rétablissement des deux forces qui constituent la puissance d'une grande nation, — l'armée et la marine, — furent sous le règne d'Isabelle un des faits les plus mémorables.

Si, en même temps, les impôts des communes étaient diminués, — si les prébendes et les bénéfices ecclésiastiques étaient révisés, — si le clergé, si la noblesse, si tous les pouvoirs enfin, — chacun dans leur mesure, apportaient à la couronne leur dévoué concours ; on peut juger de la prospérité que le règne sage et intelligent de la reine Isabelle avait su répandre dans toutes les parties de son vaste royaume, si petit autrefois, si grand alors.

Ce spectacle d'une renaissance complète était bon et curieux à donner au lecteur.

XIII.

Revenant à présent, au moment où Isabelle achevait de conquérir son nouveau royaume de Grenade, il est important d'arriver à la mesure très-grave et très-diversement jugée, à laquelle donna lieu la découverte qui fut faite, à cette époque, des secrètes menées des juifs et des Maures non convertis.

Dès l'entrée des Espagnols à Grenade, il avait été facile de découvrir que tous les Maures convertis, ou non, s'entendaient plus ou moins avec les juifs, résidant dans toute la Péninsule; et qu'ils étaient plus disposés que jamais à tramer avec eux des conspirations contre le gouvernement des chrétiens. A une époque où la politique était la religion elle-même, ce danger était grave. — La reine fut donc, le lendemain même de l'entrée à Grenade, le 7 janvier 1492, sollicitée vivement par ses conseillers ecclésiastiques, de rendre contre les juifs un édit définitif d'expulsion.

Les juifs, aux yeux du peuple espagnol, n'étaient pas des citoyens, mais des étrangers : la haine nationale s'unissait contre eux à la haine religieuse; de plus, ils étaient riches, et leurs richesses leur faisaient autant de jaloux que d'ennemis. Il y avait donc dans leur expulsion plus d'un motif à considérer.

Isabelle dont la prudence et la bonté dirigeaient toutes les actions, fut loin de se rendre d'abord à une semblable proposition. Il lui semblait qu'expulser du royaume une aussi grande quantité d'hommes riches, industrieux, était une faute : l'Inquisition d'ailleurs avait déjà pris contre eux des mesures bien sévères ; elle résista donc, mais peu à peu vaincue par les insistances du roi son époux d'abord, et des princes de l'Église ensuite ; elle dut céder ; se réservant d'adoucir, comme elle l'avait fait déjà, par des tempéraments et des atermoiements, la sévérité de la mesure.

Le 30 mars 1492 donc, l'édit contre les juifs fut rendu.

Par cet édit, tout juif non baptisé, devait quels que fussent son âge, son sexe, sa condition, quitter le royaume avant la fin de juillet. Il ne pouvait y revenir sous quelque prétexte que ce fût, sous peine de confiscation de ses biens. — Il était défendu à tout Espagnol de lui prêter un abri, après l'époque fixée pour le départ. Il demeurait permis aux juifs de disposer de leurs biens comme ils l'entendraient, et d'en emporter le prix, mais seulement en billets ou en marchandises, point en or ni en argent.

Cet édit tomba sur les juifs qui ne s'y attendaient point, comme un coup de foudre : ils ne purent négocier la vente de leurs immeubles, de leur mobilier que contre des équivalents sans valeur, et l'on vit les propriétaires être forcés d'abandonner leurs biens à quelque prix que ce fût : l'un par exemple vendit sa maison contre un âne, l'autre sa vigne contre un habit.

En Aragon ce fut pis encore. Les grandes propriétés des juifs qui avaient quelques dettes furent confisquées et mises sous le séquestre de la couronne.

Peu de juifs se décidèrent à rester, sous la condition du baptême qui leur était demandé. — Cette race, opiniâtre, fidèle à sa croyance, préféra l'exil, elle s'y voua presque tout entière.

Lorsque arrivèrent les derniers jours, on vit d'interminables bandes de femmes, d'enfants, de vieillards, d'hommes jeunes et valides, couvrir toutes les routes; et les uns à cheval, la plupart à pied, se diriger vers les côtes de la Méditerranée. — Les uns s'embarquèrent pour la Barbarie sur la flotte espagnole mise à leur disposition, les autres gagnèrent Fez, ceux-ci le Portugal, quelques-uns (ceux d'Aragon), les provinces du midi de la France, dans lesquelles ils avaient des coreligionnaires et des amis. — D'autres gagnèrent l'Italie, Gênes principalement, où ils ne purent rester, d'après la loi, que peu de jours.

Ainsi sortit d'Espagne, chassée bien plutôt par l'antipathie et la haine des Espagnols, que par les souverains, cette race industrieuse, qui avait apporté avec elle, dans l'industrie, les sciences, le commerce, des connaissances si précieuses, des aptitudes si fécondes.

On estima à cent soixante mille individus les juifs qui s'exilèrent ainsi de la Péninsule. Ce fut une grande perte. — L'Espagne s'en aperçut bientôt, et sous ce rapport elle ne fut pas mieux inspirée que la France, l'Angleterre et le Portugal qui plus tard prirent la même mesure. Plus tard, aussi, la révocation de l'édit de Nantes, eut pour la France les mêmes funestes résultats, et Louis XIV en se privant des aptitudes industrieuses des protestants, se priva en même temps des meilleurs ouvriers du pays.

Afin de ne point subir les peines de l'exil, plusieurs juifs cependant, ne voulant quitter ni leur champ, ni la terre où ils étaient nés, se convertirent librement à la foi catholique : à Grenade, près de quatre mille restèrent ainsi.

Ils furent, sans le vouloir assurément la cause de la grande insurrection qui éclata en 1500 dans les montagnes des Alpuxarres, chez les Maures, furieux de voir leurs coreligionnaires abandonner ainsi leur culte pour le baptême.

Nous anticipons sur cette époque, pour en finir avec cette série de révoltes, contre le gouvernement des chrétiens.

XIV.

Ce qu'on appelle les Alpuxarres, est une longue chaîne de montagnes qui s'élève depuis Almeria, jusqu'à Alhama, occupe une vingtaine de lieues de longueur de l'est à l'ouest, et douze à quinze lieues de largeur du nord au sud; depuis la Sierra Nevada, jusqu'à la Méditerranée. — C'est une contrée montagneuse, difficile, couverte de bois, de rochers escarpés, coupée de ravins et de défilés. Elle était habitée par des montagnards, fermement attachés à leurs croyances, ne reconnaissant point la domination chrétienne, et la méprisant.

Vers l'année 1500, furieux de voir leurs frères de Grenade, se convertir à la foi chrétienne; les Maures étaient alors descendus dans la plaine, et arrivés jusqu'aux environs de Malaga, ils y avaient commis des dévastations considérables. Ils s'emparèrent même de quelques villages appartenant à la couronne, nouvellement conquis, et s'y campèrent, après avoir exigé des habitants une bonne rançon.

Cette insurrection ayant pris un développement dangereux, le gouverneur de Grenade, avait immédiatement envoyé des forces pour la réprimer, mais ces forces n'étant pas assez considérables, avaient été battues et avaient dû se retirer.

Le roi Ferdinand qui était à Séville, s'était alors décidé à y aller, et à la tête d'une petite armée, il était descendu vers Malaga.

De son côté, Gonzalve de Cordoue, avait aussi marché à l'ennemi et l'ayant joint dans la ville de Huescar, qu'il escalada, il passa tout ce qui lui tomba sous la main, au fil de l'épée. L'un de ses lieutenants, le comte de Levin en fit à peu près autant, quelques jours après et ayant surpris une place forte, il fit sauter la mosquée dans laquelle femmes et enfants s'étaient réfugiés.

Rien donc n'égalait la férocité de la répression, si ce n'est le courage des insurgés, lorsque cependant ces derniers, las d'une semblable guerre, consentirent enfin à déposer les armes, sous la condition de payer une somme de cinquante mille ducats. — S'ils se convertissaient, ils étaient exempts de la taxe.

Ces mesures tempérées firent encore de nouveaux chrétiens, et vers la fin de l'année, les trois villes de Baza, de Guadiz et d'Almeria, embrassèrent la nouvelle religion.

Cette abjuration fut bientôt après la cause d'une seconde insurrection. Celle-là éclata à Ronda. — Ronda était peuplée d'une tribu africaine, les *Gandulès*, race brave et ardente. Ronda était entourée de montagnes âpres et difficiles, la *Sierra Vermeja* et la *Sierra Villa-Luenga*.

Un corps de troupes commandé par le frère de Gonzalve de Cordoue, ayant voulu y pénétrer, y avait péri tout entier. Ce désastre était un mauvais antécédent pour les armes des chrétiens.

Ferdinand, voulant venger la mort du chef de l'expédition, et l'honneur du drapeau castillan, y courut aussitôt. Il emmena avec lui des forces considérables, décidé qu'il était à en finir.

A la vue de cette armée, les insurgés sentirent que c'en était fait d'eux, ils demandèrent à capituler.

Les conditions furent les mêmes que dans les Alpuxarres : une taxe de dix doblas d'or par chaque tête de ceux qui resteraient dans le pays, et la conversion à la foi catholique.

Presque tous se convertirent, un petit nombre alla s'embarquer dans le petit port d'Estepona, et gagna l'Afrique.

C'est ainsi que furent terminées en 1501, les insurrections répétées des Maures dans les

Alpuxarres et à Ronda; et que, dès cette époque, la paix religieuse et politique régna sur toute la Péninsule.

Nous revenons actuellement auprès de la reine, où nous appelle un événement de la plus haute importance.

1492—1506

CHAPITRE SIXIÈME

SOMMAIRE.

1492-1506. — Christophe Colomb. — Ses premières ouvertures au camp de Santa-Fé. — Découvertes des Portugais. — Jalousie des Castillans. — Propositions à l'archevêque de Grenade. — Insuccès. — Entrevue avec Isabelle. — Opposition du roi Ferdinand. — Lettres patentes accordées. — Premier départ de Colomb. — Ses découvertes. — Son retour. — Deuxième expédition. — Ses découvertes. — Retour. — Difficultés de la troisième expédition. — Déplorable état d'Hispaniola. — Dénonciations de Colomb à la reine Isabelle. — Envoi d'un commissaire royal aux colonies. — Colomb arrêté. — Il est ramené en Espagne. — Sa justification. — Départ d'une flotte pour le nouveau monde. — Quatrième expédition de Colomb. — Ses découvertes. — Son retour en Espagne. — Ingratitude du roi. — Sa mort. — Son corps est transporté à la Havane. — Son tombeau. — Monument à Gênes. — Inscriptions.

CHAPITRE SIXIÈME

I.

Le célèbre édit de 1492 contre les juifs, n'avait pas été le seul fait considérable qui eût marqué les premiers jours de la conquête de Grenade; un autre fait qui devai changer la face du monde et principalement celle de l'Espagne, fait que nul n'avait soupçonné, excepté *un*, avait eu lieu pendant que la reine Isabelle était sous sa Santa-Fé.

Christophe Colomb avait paru.

Depuis longtemps, on avait bien pensé, qu'à l'occident du monde connu, il pouvait exister d'autres terres que celles qui composaient le monde ancien. Les Portugais, les premiers, avaient, en hardis navigateurs qu'ils étaient, poussé leurs vaisseaux jusqu'au sud de l'Afrique, et découvert la pointe qu'ils avaient nommée le *Cap de Bonne-Espérance*, comme symbole de leurs découvertes futures.

Jaloux de leurs voisins, les Castillans avaient aussi de leur côté fait quelques découvertes, ils avaient occupé les îles Canaries, exploré toutes les côtes d'Afrique, noué avec ces sauvages habitants des relations de commerce, et rapporté des poudres d'or, très-recherchées.

Mais toutes ces navigations et ces essais nautiques ne dépassaient point, — pour les

Christophe-Colomb
d'après un portrait du tems

Castillans du moins, — de certaines limites, et même par un traité conclu entre la Castille et le Portugal en 1479, il avait été fait comme deux parts des mers, où ces deux puissances devaient naviguer. — Au Portugal était réservé et affecté le commerce sur la côte occidentale de l'Afrique, aux Castillans celui des îles Canaries et de leurs dépendances.

C'est dans ces circonstances, que vers 1484, Christophe Colomb arrivait en Espagne.

Colomb n'était point Castillan, il était né à Gênes en 1440 de parents pauvres et honorables. Dès ses jeunes années, il avait montré un goût et une aptitude particuliers pour les mathématiques et les sciences géographiques. Il était d'une nature solitaire, réfléchie; sombre, dur, et comme possédé d'une idée fixe, à la recherche de laquelle il était fatalement attaché. A quatorze ans, las des études de l'Université de Pavie, il s'était employé comme mousse, à bord d'un bâtiment marchand ; il avait servi ainsi sur des navires différents jusqu'à l'âge de trente ans. A bord, son occupation principale était de dessiner et de faire des cartes géographiques.

L'existence d'une terre, d'un continent au delà de l'océan Atlantique, lui paraissant un fait qui ne pouvait être douteux, Colomb s'en ouvrit à un célèbre Italien qui avait eu la même idée, et dès lors, l'existence et la découverte d'un nouveau monde, devint le rêve et l'ambition de sa vie tout entière.

II.

Colomb se mit alors en route pour l'Espagne, et alla y faire part de ses projets à l'un des plus puissants seigneurs du temps, Fernando Talaveyra, archevêque de Grenade et confesseur de la reine Isabelle. Il avait auprès de ce prélat une recommandation puissante, celle du supérieur du couvent de la Rabida, l'ami de Talaveyra.

Les propositions et les plans de Colomb, exposés à l'archevêque, avec la conviction et l'ardeur d'un homme qui croit en ce qu'il dit, parurent, dès l'abord, des plus étranges. — En ce temps-là, parler d'un autre monde que celui que l'on avait jusque-là connu, sembla être le rêve d'un fou, — d'ailleurs, pour une semblable expédition, il fallait beaucoup d'argent, de vaisseaux et d'hommes : alors, la Castille était en grande guerre avec les Maures, son trésor était peu garni ; l'archevêque ne put donc qu'opposer un refus formel aux premières paroles qui lui furent dites pour une expédition aussi lointaine et surtout aussi douteuse.

On remercia donc Colomb, et on lui dit qu'après la guerre, on donnerait une réponse à ses projets.

Découragé, Colomb alla porter ses offres

à sa ville natale, Gênes, qui refusa à son tour.

Colomb dès lors, était décidé à partir pour la France, où il allait faire les mêmes propositions, lorsqu'une lettre de son protecteur et son ami, en Espagne, le supérieur du couvent de la Rabida, lui rendit l'espoir.

On le priait de venir à Santa-Fé, où la reine était occupée à assiéger la ville de Grenade, et on lui disait que plus d'un des seigneurs de la cour, entre autres Quintanilla, contrôleur général des finances de Castille, San-Angel, fiscal de la couronne d'Aragon et la marquise de Moya, l'amie personnelle de la reine, s'intéressaient vivement à son projet.

Ce fut dans ces circonstances et sous ces auspices que Colomb arriva à la cour.

Reçu par la reine, Colomb, en dehors de l'intérêt et des avantages qui devaient résulter pour la Castille de cette découverte d'un nouveau monde, fit appel très-adroitement à un principe et à un sentiment qui en Espagne devaient le faire triompher. — Étendre l'empire de la Croix sur des nations païennes et consacrer les bénéfices de cette entreprise à la recouvrance du Saint-Sépulcre, c'était parler au cœur de la reine. Isabelle en fut vivement frappée, tentée, subjuguée ; elle y donna son consentement.

Cependant, en présence de toutes ces bonnes dispositions, un obstacle imprévu vint tout à coup se dresser, et tout briser.

Colomb demandait pour lui le titre de vice-amiral de la flotte qu'il devait diriger, puis celui de vice-roi, sur toutes les terres qu'il découvrirait, avec le dixième des profits de l'entreprise.

Le roi Ferdinand qui était opposé au projet, et ne l'avait vu qu'avec une certaine répugnance, s'opposa de tout son pouvoir aux prétentions, impossibles dit-il, d'un aventurier, d'un étranger à l'Espagne, et tout fut rompu.

Le roi d'Aragon avait, en effet, un intérêt

direct à conserver pour ses flottes toutes les ressources du trésor. Ses navires avaient le monopole du commerce de la Méditerranée : ses marins, de Barcelone, étaient connus de toutes les vieilles et opulentes républiques italiennes, ils pénétraient jusqu'à Constantinople et dans les mers d'Égypte; Ferdinand donc s'opposa directement aux propositions de Colomb et le congédia.

Colomb se retira alors, pour la seconde fois, mais une seconde fois aussi. il fut encore rappelé, et cette fois par la reine elle-même.

Isabelle, toujours pénétrée de la pensée toute religieuse qu'elle attachait à cette entreprise, parla alors en souveraine. Elle dit que puisque l'Aragon ne pouvait contribuer, ce serait la Castille qui seule ferait les frais nécessaires, et que s'ils n'étaient point suffisants, elle engagerait jusqu'à ses joyaux pour trouver l'argent.

Colomb alors, mandé devant la reine, reçut

d'elle-même le traité en vertu duquel, — amiral, vice-roi et gouverneur général de tout le continent occidental, il pouvait faire et conclure toute transaction, tout arrangement qui ressortirait de son amirauté ; — le dixième des revenus des terres découvertes lui était attribué ; — ses dignités étaient héréditaires ; — enfin, il était anobli et pouvait faire précéder son nom de la particule *don*. — Le nom de Christophe Colomb tout court lui suffit.

Ces lettres patentes étaient du 17 avril 1492. Elles furent signées par la reine, à Grenade même, où elle se trouvait encore.

III.

Colomb partit aussitôt pour Séville, où des ordres avaient été transmis à l'amirauté, pour que tout fût préparé.

La flotte équipée à Palos, pour le premier voyage de Colomb, se composa de trois petits vaisseaux, dont il n'obtint même l'armement qu'avec beaucoup de peine. Les marins andalous voyaient d'un fort mauvais œil cet étranger, ce Génois, venir ainsi prendre chez eux une place qui eût dû leur appartenir. — Les personnes embarquées sur ces trois navires furent au nombre de cent vingt : la couronne c'est-à-dire la reine fournit d'abord une somme de 70,000 florins. — Enfin, tout étant prêt, Colomb fit ses adieux à l'Espagne, le 3 août 1492, et partit de Palos pour le monde qu'il avait presque découvert, dans la ténacité et la précision d'une imagination ardente et obstinée.

Colomb eut à lutter d'abord contre les éléments, et à lutter, plus encore contre les insubordinations et les terreurs d'un équipage ignorant; il lutta fermement, et le 12 octobre, après soixante-neuf jours de navigation, il vit terre et aborda à l'une des Lucayes qu'il nomma

San Salvador. Il continua sa route et bientôt après, il arriva en vue d'une grande terre, dont il fit le tour, — c'était la grande île de Cuba, devenue depuis la perle des Antilles espagnoles. Successivement, il découvrit, à l'étonnement de ses ignorants compagnons, l'île d'*Haïti* qu'il appela *Hispaniola*, en souvenir de l'Espagne sa seconde patrie, puis *Saint-Domingue*, où son frère fonda une ville de ce nom.

Après ces premières découvertes, Colomb pensa à regagner l'Espagne. Il rapportait avec lui des échantillons de tous les métaux précieux qu'il avait recueillis, et trouva en arrivant à la cour de la reine Isabelle, désormais sa protectrice et son amie, l'accueil le plus flatteur. Ce premier retour de Colomb avait lieu en mars 1493.

Émerveillée par les découvertes de Colomb, Isabelle fut la première à encourager un second départ.

Dans le but d'exciter l'esprit de découvertes et de colonisation, la reine réchauffa alors l'enthousiasme des tièdes, et en dépit des grandes oppositions enfantées par la jalousie, elle obtint encore les sommes nécessaires pour la deuxième expédition.

IV.

La seconde expédition eut lieu en septembre 1493 ; elle fut plus difficile. Les marins embarqués étaient pour la plupart des aventuriers, des mauvais sujets, qui aussitôt qu'ils avaient perdu la terre de vue, n'avaient plus ni discipline, ni respect, ni patience. Paresseux et insoumis, ils se refusaient aux travaux du bord les plus habituels, gourmandaient leurs chefs et les menaçaient. Colomb vint à bout de toutes ces difficultés qui étaient grandes, avec une fermeté indomptable ; il aborda à de nouvelles terres et cette fois découvrit la *Jamaïque*, la *Guadeloupe*, *Porto-Rico* et la *Dominique*. En 1496, il était revenu de ce deuxième voyage, rapportant encore bien des curiosités ; il était suivi de quatre chefs indiens, ornés de colliers d'or, de couronnes et d'ornements barbares, qui firent l'admiration de tous les pays par où ils passèrent, avant d'arriver à la cour.

Isabelle, qui était alors à Burgos, reçut cette fois Colomb, avec une attention et une bienveillance plus marquées encore ; mais, la situation générale des affaires en Espagne était telle, que l'avenir ne devait plus s'offrir au hardi navigateur, sous les mêmes couleurs ; bien loin de là. D'abord, des rapports empreints d'une grande malveillance, pour ne rien dire de plus, étaient arrivés à la reine, on s'y plaignait en termes les plus amers et indignés de l'administration de Colomb : on y faisait le tableau de toutes les oppressions dont il accablait les esclaves, on y supputait tous les gains illicites, toutes les richesses dont il disposait, qu'il accaparait : en un mot, on le dénonçait à la justice, comme à la sévérité des souverains.

Isabelle, qui se regardait comme l'âme principale de cette entreprise, qui l'avait soutenue de ses propres ressources, de toute son influence et de sa volonté, en dépit de sa cour, de ses conseillers et même du roi son époux ; avait été fort affligée, ébranlée même, à la réception de ces rapports, cependant elle n'avait pas cru au mal, et elle fut empressée de pouvoir apprendre de Colomb lui-même tout ce qu'il fallait croire.

Colomb, en lui exposant la véritable situation, retrouva bientôt celle qu'il appelait *la Bonne Reine*, telle qu'il l'avait laissée au départ de son second voyage, et alors, il sollicita de ses bontés les moyens de repartir pour un troisième.

Les circonstances dans lesquelles se trouvaient alors les finances (on était en 1498) étaient mauvaises ; les guerres d'Italie et les fiançailles de la fille de la reine avec le roi de Portugal avaient coûté fort cher, le trésor était à sec. Il fut donc plus que difficile de trouver les sommes nécessaires à cette troisième expédition. Cependant avec quelque peine, on y parvint, mais, sous la condition que la petite flotte serait aussi réduite que possible.

Les instructions qu'emporta Colomb, de la bouche même de la reine, furent expresses. Le but pour Isabelle, était de convertir à la religion chrétienne ces peuplades à demi sauvages et de leur apporter non l'esclavage et l'oppression, mais la douceur et les vertus qu'enseigne le christianisme. A cet effet, Colomb dut emmener avec lui des prêtres chargés de cette sainte mission, et il se disposa à partir.

Ce départ, hélas! fut plus difficile encore que les deux autres. Les marins qui étaient revenus avec Colomb n'avaient point dit de bien de ces pays lointains, ils en étaient arrivés pauvres et malades; personne donc ne voulait partir dans ces conditions.

Le discrédit était tel que pour former les équipages des six vaisseaux que Colomb emmena avec lui, on fut obligé d'enrôler des condamnés qu'on fit sortir des prisons, en changeant leur peine contre cette déportation.

C'est ainsi accompagné et servi que Colomb quitta San-Lucar le 30 mai 1498, pour son troisième voyage.

Il toucha d'abord à Hispaniola (Haïti). Là, il trouva cette île dans le désordre le plus déplorable. Les pauvres habitants y étaient opprimés de la manière la plus honteuse par le gouverneur qu'il y avait laissé, la force seule régnait : les habitants s'étaient révoltés, le travail des champs, le travail des mines avaient été abandonnés et des bandes errantes parcouraient les campagnes, mourant de faim et commettant mille ravages.

Colomb ne parvint que difficilement à rendre la paix à cette malheureuse colonie, mais, en même temps, il ne put empêcher de nouveaux

rapports dictés par la vengeance et la haine, d'arriver encore à la reine, de la part de ceux mêmes dont il avait arrêté l'indigne conduite.
— La reine, cette fois, sans croire à tout ce qui lui était dit, commença cependant à soupçonner Colomb de ne point avoir en lui les talents et la capacité nécessaires à un semblable gouvernement, et elle fut bien plus ébranlée encore, lorsque arrivèrent en Espagne, à Malaga, deux vaisseaux chargés des esclaves révoltés que Colomb avait dû éloigner de la colonie.

Alors, tous les ennemis de Colomb entourèrent Isabelle, lui démontrèrent quelles étaient les duretés, l'incapacité de celui qui disposait ainsi des sujets de la reine, et ils firent tant et si bien qu'Isabelle ordonna que ces révoltés fussent immédiatement remis en liberté.

En même temps, les conseillers de la reine lui persuadèrent d'envoyer immédiatement dans la colonie, un homme de sa confiance, chargé de faire une sévère enquête à ce sujet.

Le chevalier de Calatrava, Francisco de Bovadilla, fut chargé de cette mission. Il avait les pleins pouvoirs de la reine. Il était investi de toute juridiction civile et criminelle, pouvait rendre souverainement tous arrêts, disposer de tous emplois, et ordonner que toute personne, de quelque rang qu'elle soit, fût arrêtée et transportée en Espagne, où elle aurait à répondre de ses actes devant la justice.

Ce décret, si élastique dans sa lettre, dans sa forme, et dans son application, ne tarda point, — on ne le soupçonne que trop, — à être appliqué.

Colomb en fut la première victime, — Bovadilla le fit arrêter et jeter en prison. On ne trouva cependant personne pour lui mettre les fers, ce fut un de ses serviteurs qu'on obligea à se charger de ce pénible soin.

Quelques jours après, Colomb fut emmené pour être conduit à bord du vaisseau qui devait le ramener en Espagne. Colomb croyait qu'on le menait à la mort. — « Où me mènes-tu? dit-il, à Vallejo. — A mon bord », répondit ce dernier ; — et en effet, aussitôt Colomb embarqué, le vaisseau prit le large. Parti le 8 octobre, il arrivait à Malaga le 17 décembre 1500.

V.

Les rigueurs de Bovadilla, déjà connues en Espagne, avaient produit auprès de la cour et de la reine un effet contraire, et déjà, en arrivant à Grenade, où était la reine, Colomb retrouvait toutes les dispositions en sa faveur. La reine le reçut aussitôt. A la vue de ce personnage presque encore chargé de fers, calomnié, outragé dans son honneur et dans la vérité; Isabelle ne put s'empêcher d'éprouver une vive émotion, et Colomb se jetant à ses pieds, les inonda de larmes.

Colomb fut aussitôt réintégré dans l'estime des souverains, toutefois, ils pensèrent qu'il serait plus sage de ne point le réintégrer dans le gouvernement des colonies et ils y envoyèrent un homme d'une capacité éprouvée, fort sage, Nicolas Ovando de l'ordre de Calatrava. Il avait l'ordre de renvoyer Bovadilla, et de pacifier la colonie, à quelque prix que ce fût.

Ovando, qui était un seigneur fort réputé à la cour, emmena avec lui une multitude de jeunes seigneurs qui ne demandaient qu'à bien servir, et il emporta une foule d'objets devant servir à l'alimentation, comme à l'industrie et à la prospérité de l'île.

Sa flotte était de 32 vaisseaux montés par 2,000 personnes.

C'était la première expédition aussi considérable qui fût envoyée dans le nouveau monde, et la mieux composée. Elle quitta San-Lucar le 15 février 1502. Malheureusement, elle périt presque tout entière, un seul vaisseau arriva.

VI.

Cette même année 1502, Colomb demanda à entreprendre son quatrième voyage. Il avait pour but la découverte d'un passage au grand Océan indien.

Ce quatrième et dernier voyage ne fut point, comme les autres, accompagné de la faveur de la reine. Le désastre éprouvé par Ovando avait fort refroidi le goût des aventures maritimes, on commençait aussi à trouver que tous ces voyages et même ces découvertes coûtaient plus qu'ils ne rapportaient, et cette fois, on n'accorda à Colomb que quatre petites caravelles, d'une contenance à peine de 60 tonneaux.

Colomb déjà cassé, et infirme, en présence de la défaveur populaire dont il était l'objet, fut lui-même sur le point de renoncer à ce voyage; cependant le dévouement qu'il portait à la reine, à celle qui n'avait cessé de le protéger contre tous, le décida et le 9 mars 1502, il partit. — On lui avait défendu de toucher à Hispaniola, afin de ne point y rencontrer Bovadilla, son dénonciateur et son ennemi, qu'on devait ramener en Espagne avec tous ses trésors mal acquis; mais un gros temps et quelques avaries l'ayant obligé à y relâcher, il conseilla, vu l'état de la mer, de différer de quelques jours le départ de Bovadilla.

Le gouverneur Ovando ne tint point compte de ces sages avis, fit partir cette flotte, et deux heures après, elle était engloutie avec tous les trésors qu'elle contenait. 200,000 castillanes d'or, dont la moitié appartenait au gouvernement furent ainsi perdues dans ce naufrage. Colomb continua son voyage et dans cette quatrième expédition, il découvrit l'île des *Caraïbes* (la *Martinique*) et longea la côte depuis le cap de *Gracias á Dios*, dans l'Amérique centrale, jusqu'au havre de *Puerto-Bello*, dans la *Colombie*. En 1504, après une suite d'horribles tempêtes, il abordait à San-Lucar, le 7 décembre.

Arrivé au port, il apprenait la terrible nouvelle qui le remplissait de douleur; sa protectrice, la reine, était morte.

La cour en deuil était alors à Ségovie. Colomb, pauvre et accablé de goutte, monta sur une mule, et arriva ainsi, à petites journées, la mort dans le cœur, à cette cour où il ne devait plus trouver que des indifférents, peut-être des ingrats.

Le roi le reçut bien et mal : il promit beaucoup et ne tint rien. A peine si les pensions nécessaires à sa propre existence lui furent servies. Quant aux contrats passés avec l'ancien amiral, avec l'ancien gouverneur de toutes les colonies, et aux bénéfices qui en avaient résulté, il n'en fut point question; la couronne se les réserva tous.

Ainsi édifié sur les promesses des grands de la terre, le pauvre Colomb mourait à Valladolid, le 19 mai 1506, le jour de l'Ascension, presque seul, et dans les sentiments d'un bon chrétien.

Ses restes furent d'abord déposés dans un couvent de Valladolid, et, — comme s'il eût été dans la destinée de cet intrépide voyageur, de voyager même après sa mort, — son corps fut successivement transporté de Valladolid à Séville, puis à Saint-Domingue, puis à Cuba où il repose aujourd'hui dans l'église cathédrale.

Une urne en or renferme ses restes. On y lit au bas l'inscription suivante :

Á CASTILLA Y Á LEON
NUEVO MUNDO DIÓ COLON.

À CASTILLE ET À LÉON
COLOMB DONNA UN NOUVEAU MONDE.

De son côté, la ville de Gênes, patrie de Colomb, lui a élevé sur l'une de ses places principales, la place de l'Acqua-Verde, un monument commémoratif.

Sur une colonne ornée de la trirème antique, la statue de Colomb, la main gauche appuyée sur une ancre, montre et protége de la main droite, l'esclave du nouveau monde, affranchie par la croix qu'elle tient entre ses mains.

Sur l'une des faces du monument est cette inscription :

A

CRISTOFORO COLOMBO

LA PATRIA.

Au revers, on lit cette seconde inscription :

DIVINATO UN MUNDO

LO AVVINSE DI PERENNI BENEFIZI

ALL' ANTICO.

Colomb n'eut même pas la gloire de donner son nom au monde dont il avait doté l'Espagne d'Isabelle. Un gentilhomme florentin, Americ

Vespuce, qui avait visité la côte de Paria, vers 1499, s'attribua l'honneur d'avoir découvert ce continent, et lui donna le nom d'AMÉRIQUE qui lui est resté.

Christophe Colomb n'en est pas moins demeuré pour la postérité l'un des plus hardis navigateurs et des plus grands génies qui aient existé. L'Espagne revendique, à juste titre, l'honneur de son nom.

1493 — 1504

CHAPITRE SEPTIÈME.

SOMMAIRE.

1493-1504. — Guerres d'Italie. — Leur cause. — Préparatifs de l'Aragon. — Les Français entrent à Rome. — Départ de Gonzalve de Cordoue. — Entrée des Français à Naples. — Gonzalve arrive en Calabre. — Siége d'Atella. — Défaite complète des Français. — Mort de Charles VIII. — Louis XII passe en Italie. — Gonzalve revient en Italie. — Traité de partage entre la France et l'Espagne — La Capitanate. — Collision. — Gonzalve dans Barletta. — Défaite de Nemours. — Mariage de l'infante Jeanne, fille de la reine Isabelle, avec l'archiduc Philippe, fils de l'empereur Maximilien. — Conditions du mariage touchant l'Italie. — Deuxième traité. — Gonzalve s'y refuse. — Bataille de Seminare. — Bataille de Cerignolles. — Défaite des Français. — Gonzalve entre à Naples. — Sa popularité. — Siége de Gaëte. — Sa capitulation. — Gonzalve vice-roi de Naples. — Son retour en Espagne. — Ingratitude du roi Ferdinand. — Sa disgrâce. — Sa mort. — Son mausolée. — Inscription.

CHAPITRE SEPTIÈME.

I.

Nous avons quitté la reine Isabelle au moment où elle accordait, en 1492, à Christophe Colomb, les pouvoirs nécessaires pour entreprendre ses mémorables découvertes; nous revenons à cette époque où des intérêts tout aussi importants pour la nouvelle couronne d'Espagne, sollicitaient les soins du roi Ferdinand surtout, qui va entreprendre ses grandes guerres d'Italie.

L'Italie était plutôt du domaine de l'Aragon que de celui de la Castille. La Castille s'était toujours bornée à faire ses conquêtes à l'intérieur, et on a vu comment elle venait de couronner son œuvre, sa croisade; par la prise de Grenade. L'Aragon, si restreint d'abord, avait bien pu successivement s'agrandir de la Catalogne, du royaume de Valence, des îles Baléares et plus tard de la Navarre, mais son action extérieure et surtout son ambition l'avaient entraîné vers des contrées plus lointaines.

Après avoir conquis la Sicile, les princes d'Aragon avaient entamé avec la maison d'Anjou ces longues et sanglantes guerres dont le trône de Naples était l'enjeu, et à travers bien des épreuves et des instabilités, ce trône était définitivement resté aux princes d'Aragon, en 1443.

Les prétentions de la maison d'Anjou, représentée par les rois de France, s'étaient toutefois maintenues. La maison d'Anjou qui la première avait fait la conquête de Naples, ne s'en était dessaisie que parce que la fortune des armes l'avait trahie, et c'étaient ces prétentions et ces droits contestés qui donnaient lieu à la guerre dans laquelle le roi Ferdinand d'Aragon, l'époux d'Isabelle, va entrer avec toutes ses forces.

Isabelle qui, comme reine de Castille, s'était seule occupée de la découverte de l'Amérique et des expéditions de Christophe Colomb, ne voulut prendre aucune part à ces guerres; elle pensait (ce sont ses propres paroles), qu'une possession aussi éloignée du cœur de l'Europe coûterait probablement plus à conserver qu'elle ne valait. Elle n'était pas, en outre, très-persuadée de l'équité de cette guerre, elle en abandonna donc tout le soin à son époux, que Naples intéressait plus directement, soit par les traditions de sa couronne d'Aragon, soit par les avantages qu'il comptait en tirer.

Isabelle, donc, tout à fait en dehors de cette

expédition, revint avec une ardeur très-marquée aux réformes, aux améliorations et aux nouvelles mesures de gouvernement qui découlaient de sa nouvelle conquête du royaume de Grenade. — Nous l'y retrouverons après le récit de cette guerre, qui sera aussi succinct que possible.

II.

Le souverain qui régnait à Naples, en 1494, était Ferdinand Ier, prince d'Aragon. Il était faux, cruel, opprimait ses sujets et principalement les grands, qui plus d'une fois s'étaient soulevés contre lui. Las d'un semblable joug, ils en avaient appelé au roi de France Charles VIII, comme représentant de la maison d'Anjou.

Sur ces entrefaites, le roi Ferdinand de Naples était mort à l'âge de 70 ans, et avait laissé sa couronne à Alphonse, tout aussi cruel et sanguinaire que son père.

Ce fut au milieu de ces divisions des Napolitains entre eux, que le roi de France, Charles VIII, commença ces guerres d'Italie qui vont durer tant d'années et ensanglanter ces belles et malheureuses contrées.

Le roi d'Espagne, Ferdinand, dès qu'il avait appris les préparatifs formidables qui se faisaient en France, avait dû s'enquérir de leur but : on lui répondit que l'expédition projetée était dirigée contre les infidèles, et on l'engagea même à y prendre part.

Ferdinand ne se laissa point prendre à ce subterfuge, il insista, et il lui fut alors déclaré qu'avant de passer en Afrique pour combattre les Barbares, on s'emparerait de Naples, en *passant*. Ce mot fut dit légèrement et textuellement, comme post-scriptum, à la fin de l'entretien.

Le roi d'Espagne fut alors fixé. Par ambassadeur, il fit sommer Charles VIII, de ne pas avoir à violenter, de quelque manière que ce fût, le pape et ses États, dont il était le protecteur ; puis il se disposa, de son côté, à compléter ses préparatifs de guerre.

Charles VIII, ne fut intimidé en aucune sorte, par l'attitude de Ferdinand, et pour toute réponse, il passa outre.

Charles, avec la précipitation qu'il mettait en toute chose, pressa le départ de l'armée, et au mois d'août 1494, l'armée française quittait Vienne en Dauphiné. Quelques jours après, elle passait les Alpes. Elle était composée de trente-un mille hommes, bien armés, avec une bonne artillerie et une cavalerie remarquable. Elle soumit tout sur son passage et arriva à Rome le 31 décembre. Charles entra dans la capitale de la chrétienté avec toutes les formes d'un conquérant, suivi de ses chevaliers, de ses lances, le casque en tête et l'épée à la main.

Le pape Alexandre VI, et les cardinaux,

outrés d'une semblable violation de territoire, s'étaient retirés dans le château Saint-Ange.

Cette marche rapide des Français et leur victoire, jetèrent l'alarme et la confusion dans tous les États italiens ; tous ces États tremblèrent, et le roi d'Espagne le premier, sentant de quel danger il était pour ses possessions de Sicile, et pour la branche napolitaine de sa maison d'Aragon, d'avoir un voisin aussi osé et aussi heureux, ne perdit point de temps : il fit d'immenses préparatifs dans tous ses grands ports de la Méditerranée, et rassembla une armée considérable, destinée à passer immédiatement en Sicile, à tout événement.

Le difficile était de trouver le général à qui devait être confiée une si délicate et périlleuse expédition; — non pas qu'en Espagne il manquât de capitaines expérimentés, audacieux et braves; ils avaient tous fait leurs preuves, et quelles preuves! dans toutes les guerres contre les Maures que Grenade venait de clore; mais si, d'une part l'ennemi n'était pas le même, de l'autre, à quatre cents lieues de la patrie, confier une armée à un général était chose plus que délicate.

Isabelle, consultée, fut celle qui décida de ce choix.

Il était un général qui, dans la guerre dernière, dans les Alpuxarres, avait montré une vigueur impitoyable. — Auparavant, et dans les guerres de Grenade, ce même général, avait, à deux siéges différents, déployé une habileté et une capacité remarquables; de sa personne, il était monté le premier à la brèche. Il était l'exemple et l'ami du soldat. Dans les capitulations de Grenade, c'était lui qui avait discuté, rédigé tous les articles de la convention. — Comme capacité, bravoure, sagacité, fertilité de ressources, il était donc le premier désigné au choix de la reine.

Ce général était Gonzalve de Cordoue.

Ferdinand approuva ce choix, quoiqu'à

regret, car déjà il commençait à être, comme on le verra plus tard, jaloux de la réputation de Gonzalve, jaloux surtout de ce qu'un tel commandement fût donné, non à un Aragonais, mais à un Castillan. C'est cependant ce Castillan qui va conquérir le royaume de Naples.

La flotte espagnole, partit donc sous le commandement de Gonzalve et fit voile vers la Sicile.

Pendant ce temps, l'armée française avait quitté Rome et avait poursuivi sa marche vers Naples.

Le nouveau roi de Naples, Alphonse, incapable d'organiser la moindre résistance, s'était alors réfugié en Sicile et y avait abdiqué. Son fils Ferdinand II lui avait succédé, il n'avait que 25 ans. Comme son père, il fut bientôt sans nuls moyens de défense. — Ses sujets, sans affection pour leurs rois et ne considérant un changement de dynastie que comme un changement de maître, l'abandonnèrent, cédèrent à leur terreur, et à l'approche des Français, s'enfuirent dans toutes les directions. Ferdinand se retira d'abord à Ischia, puis en Sicile, et ce fut dans cet état déplorable que Charles VIII trouva la ville de Naples.

Charles y entra le 25 février 1495. Il était revêtu du manteau impérial, il portait la quadruple couronne de France, de Naples, de Constantinople et de Jérusalem.

La conquête de Naples était ainsi effectuée, sans trop de peine ni de sang.

Charles employa son temps, à Naples, de la plus odieuse manière. Il la dépouilla de tous ses objets d'art. Sculptures en marbre, portes de bronze, ornements d'architecture, armes précieuses, il fit tout embarquer, mais ses vaisseaux n'arrivèrent point en France, ils furent pris par une flotte espagnole, sortie de Pise.

Les procédés de Charles à l'égard des Napolitains ne furent pas plus cléments. On insulta, on poursuivit, on inquiéta tout le monde, et tout le monde, au bout de quelques jours, abhorrait les Français. Toutes ces excitations, tous ces dangers eurent bientôt ouvert les yeux des autres États voisins. L'ambition bien connue de Charles, les orgueilleuses menaces des vainqueurs, avaient répandu la terreur jusqu'au fond de l'Italie.

Alors, derrière Charles, on vit se former une vaste coalition qui avait Venise pour foyer et pour chef Ludovic Sforza, le More de Milan. — Cette ligue arma aussitôt, et se mit en mesure de venir barrer le passage de l'Apennin aux Français.

Charles, surpris, n'eut que le temps de partir. — Arrivé à Fornoue, il y trouva une armée de 40,000 Vénitiens, mal équipés, mal commandés, sans artillerie et avec ses 8,000 hommes qu'il ramenait en France, il la battit, et rentra dans ses États. — Il laissa à Naples un vice-roi, le duc de Montpensier, et pour commandant général des forces françaises, d'Aubigny. — Ces forces occupèrent immédiatement tout le territoire du royaume de Naples.

III.

Cependant et tandis que les Français avaient ainsi fait, sans trop grande peine, la conquête de Naples, Gonzalve avait débarqué en Sicile avec son armée le 24 mai 1495. — Là, il avait trouvé le monarque napolitain dépossédé, Ferdinand II. De concert avec lui, il avait aussitôt passé en Calabre, et ouvert la campagne contre les Français.

Dès l'abord, nombre de petites places s'étaient rangées du côté des Aragonais, et bientôt Gonzalve à la tête d'une force de 5 à 6,000 miliciens joints à ses troupes, avait marché sur

Seminare, petite ville située dans une plaine, à huit lieues de Reggio.

Là, il avait trouvé d'Aubigny à la tête de sa petite armée ; — les Français avec leur artillerie, leur cavalerie, bardés de fer, résistèrent plus que facilement aux troupes légères et mal armées amenées par Gonzalve et ce dernier, après avoir fait des prodiges de valeur, fut cependant obligé de se retirer. Si les Français eussent voulu profiter de leur victoire, ils auraient facilement jeté les Aragonais dans la mer, ils ne l'osèrent et le soir ils évacuèrent, à leur tour, le champ de bataille. Cette bataille de Seminare fut la seule que Gonzalve ait perdue dans toute sa vie.

Néanmoins, averti par cet échec, Gonzalve appela de Sicile ses véritables soldats, ceux qui depuis les guerres de Grenade n'avaient point quitté l'épée, et avec eux, il continua sa campagne. Sa tactique était celle des surprises, des embuscades : aucun pays ne s'y prêtait mieux que la Calabre, avec ses rochers, ses montagnes escarpées, ses repaires en tous lieux : — il battit ainsi toute la basse Calabre, s'étendit, prit jour à jour une multitude de petites places fortes, s'y installa, les pourvut de vivres, de provisions, enfin, il fit tant et si bien qu'au bout de l'année, non-seulement il avait à lui toute la basse Calabre, mais une portion de la haute, et qu'il mettait hardiment le siége devant Atella, ville des Apennins, située sur les confins de la Basilicate.

De concert avec le roi de Naples, Ferdinand, qui l'y avait rejoint, Gonzalve établit le blocus complet autour de cette place, l'une des plus importantes, occupée par 6,000 Français. — Une fois le blocus formé, il battit la campagne tout autour, défit tous les corps qui essayaient de porter secours, et au bout de deux mois, il avait réduit la place à un tel état de famine, qu'une capitulation fut proposée.

Gonzalve en arrêta les conventions. — De

concert avec Ferdinand. — Il fut convenu que si dans un mois la garnison n'était pas secourue, elle se rendrait tout entière, avec armes, bagages et munitions, — qu'en outre toutes les places du royaume occupées par les Français seraient évacuées, et que leur artillerie serait embarquée dans des vaisseaux qui la ramèneraient en France. — Une amnistie générale était accordée aux Napolitains qui avaient pris parti pour les Français et qui feraient leur soumission.

Cette capitulation du 21 juillet 1496 eut son effet. — Atella se rendit, et toutes les forces françaises évacuèrent la place. — On vit alors ces pauvres soldats hâves et mourant de faim se répandre dans la campagne où les paysans leur firent un grand mal. — Sur 6,000 hommes qui sortirent d'Atella, à peine 1,000, arrivèrent à Baia, où ils trouvèrent des vaisseaux qui les transportèrent en France dans l'état le plus misérable.

Les Suisses prirent leur route à travers l'Italie, et rentrèrent chez eux comme ils purent, tout aussi maltraités.

Le traité d'Atella, la prise de la place, la débandade des soldats, décidèrent du reste de la campagne. — Le général français d'Aubigny, ne pouvant plus résister abandonna à son tour la Calabre, puis toutes les places se rendirent ; puis à la fin du printemps, il ne restait plus aux Français, en Italie, un seul pouce du terrain si vite conquis par Charles VIII.

Ainsi finit cette première et heureuse campagne de Gonzalve de Cordoue. — Avec le tact, l'habileté, l'adresse qu'il possédait, l'art suprême de surprendre les côtés faibles de son ennemi; il avait, en quelques mois, réussi à chasser d'une grande étendue de pays, un prince valeureux et puissant, — c'était un grand succès.

Ferdinand II, le jeune roi de Naples, ne survécut pas longtemps à ce grand triomphe de sa juste cause, il mourut bientôt laissant le trône à son oncle Frédéric, prince intelligent et fort aimé des siens.

Gonzalve laissa à ce jeune souverain son royaume de Naples ainsi délivré, et il retourna en Espagne, après avoir renvoyé en Sicile ce qui lui restait de son armée.

IV.

Cependant et tandis que les conquêtes échappaient ainsi au roi de France Charles VIII, la mort était venue le surprendre et Louis XII, son successeur, était monté sur le trône. — On était en 1498.

Louis XII ne tarda pas longtemps à vouloir reprendre les projets de conquête de son prédécesseur. L'Italie le touchait en deux points. Sur le Milanais, il entendait faire revivre les droits qu'il tenait de son aïeule Valentine Visconti : — sur Naples, il entendait reprendre l'expédition de Charles VIII, au nom de la maison d'Anjou, et afin que personne n'en ignorât, il prenait, dès le premier jour, les titres de duc de Milan et de roi de Naples.

Une telle prétention alarma vivement la cour d'Espagne. — En vue des éventualités que l'on pouvait prévoir, une flotte fut immédiatement préparée dans le port de Malaga. Elle se composait de soixante voiles. Elle était montée par six cents chevaux et six mille hommes de pied, tous gens d'élite, ayant fait la guerre contre les Maures. Cette flotte qui, en apparence, devait aller protéger les possessions des Vénitiens dans le Levant, n'avait en réalité, d'autre but que d'aller rejoindre l'armée espagnole laissée en Sicile, et de protéger ces côtes contre les tentatives de la France, si le nouveau roi, Louis XII, se permettait quelques hostilités de ce côté.

Le *grand capitaine* Gonzalve (car c'était déjà son nom), retournait prendre en Sicile, le commandement de cette armée, presque assurée de la victoire avec un pareil chef. — Cette fois, il était accompagné de nombreux volontaires pris dans toute la noblesse, qui s'était fait un honneur de participer à une nouvelle campagne.

Ainsi armé, et accompagné, Gonzalve sortit du port de Malaga en mai 1500 et bientôt après il abordait à Messine.

Gonzalve n'était pas plutôt arrivé, qu'il recevait de Grenade le texte d'un traité, du traité le plus étrange, qui venait d'être conclu à Grenade, entre la France et l'Espagne.

Dans ce document extraordinaire il était dit, que les deux puissances, « voulant arrêter les
« maux qui découlaient de la guerre, et consi-
« dérant le roi Frédéric de Naples, comme ayant
« compromis la sûreté de toute la chrétienté
« en attirant sur Naples ses plus cruels enne-
« mis », ils avaient décidé la déposition dudit roi.

Désormais, les deux rois de France et d'Aragon pouvaient seuls prendre le titre de rois de Naples, et il leur était attribué à chacun par portion égale, la moitié du dit royaume.

La partie nord, la Terre de Labour, et les Abruzzes devaient appartenir au roi de France avec le titre de roi de Naples et de Jérusalem. — La partie sud comprenant l'Apulie et la Calabre appartenait au roi d'Espagne avec le titre de duc de ces deux provinces.

Les droits de douane prélevés sur les troupeaux de la Capitanate, recueillis par les Espagnols devaient être partagés par moitié avec la France ; — ils étaient importants.

On peut juger de l'étonnement profond dans lequel tomba littéralement Gonzalve à la lecture d'un semblable arrangement.

Ce traité avait été l'œuvre personnelle du roi Ferdinand d'Espagne, Isabelle n'avait voulu en quoi que ce soit se mêler à cette politique tortueuse de son rusé et ambitieux époux. — Ce traité, en outre, dépouillait de la manière la plus inique et la plus inattendue le nouveau roi Frédéric, qui était loin de s'attendre à un semblable abandonnement.

Gonzalve, cependant dut s'y soumettre. — Il avait toujours eu avec Frédéric les relations les plus intimes, et ce qui lui coûta assurément le plus, ce fut d'être obligé de les rompre d'une semblable manière. Toutefois, il se mit en mesure d'occuper, au nom de son souverain la partie du royaume qui lui était accordée par cet étrange traité, il passa le détroit et s'avança avec ses troupes pour en prendre possession.

Frédéric, au premier mouvement des troupes aragonaises, s'était retiré à Ischia et de là en France où Louis XII l'honora d'une opulente captivité.

Gonzalve nommé lieutenant général de l'Apulie et de la Calabre, pénétra dans cette province, y trouva quelques résistances qu'il surmonta facilement, mit le siége devant Tarente qu'il prit au duc de ce nom, le 1ᵉʳ mars 1502, et s'installa définitivement dans les possessions qui lui étaient concédées.

V.

Il était toutefois facile de prévoir que ce partage ne se ferait point, sans les plus grandes difficultés, entre deux puissances hier encore ennemies.

En effet, ces provinces n'avaient aucune délimitation fixe, et on ne savait point à qui appartenait la portion centrale de ce pays (la Basilicate et la Capitanate), cette dernière province surtout, la plus importante et la plus riche.

De là, la collision. — Dès les premiers

jours, les Français plus pressés, s'étaient emparés de plusieurs places de la Basilicate, et en dépit de toutes réclamations de la part de Gonzalve, ils y étaient restés.

Gonzalve à son tour et de son côté s'était emparé de la Capitanate, et les deux parties en étaient là, lorsque tout à coup Louis XII, ayant passé les Alpes, était arrivé à Asti et avait envoyé à ses généraux l'ordre formel de déclarer la guerre aux Espagnols s'ils n'abandonnaient pas la Capitanate ; — on leur donnait vingt-quatre heures pour évacuer cette province.

Le duc de Nemours avait le commandement des forces françaises, destinées à opérer de ce côté.

Gonzalve fut un moment surpris d'une semblable injonction : il n'était point en mesure de combattre les forces considérables de l'armée de Nemours, il attendait de Sicile des renforts qu'il ne recevait pas; il répondit donc, que la Capitanate appartenait à son maître, et qu'avec l'aide de Dieu, il la défendrait contre le roi de France ou tout autre qui tenterait de l'usurper.

Cette fière réponse faite, il se mit bravement en campagne, prit plusieurs places, et, ne voyant point arriver ses renforts de Sicile, il alla s'enfermer, avec son armée, dans la ville de Barletta.

Barletta est un petit port de mer situé sur l'Adriatique, aux confins de l'Apulie; ses fortifications étaient en mauvais état, ses murailles vieilles et décrépies; — autour de cette place, dans les petites villes de Bari, Andria, Canosa; Gonzalve plaça le reste de sa petite armée, et il attendit.

Il n'attendit pas longtemps; — les Français mirent immédiatement le siége devant Barletta et y enfermèrent Gonzalve et son armée. Ce siége fut long, disputé; les soldats de Gonzalve, peu à peu épuisés par les privations, les fatigues, le manque de toutes choses, résistèrent cependant, et un renfort considérable venu d'Espagne, sous les ordres de Manuel Benavidès, était annoncé, lorsque fatalement Gonzalve recevait la nouvelle que, surpris en Calabre, par d'Aubigny, ce corps avait été entièrement défait.

Gonzalve, au milieu de ces fatalités, conserva le calme inaltérable qu'il communiqua à ses braves soldats. C'est dans ces épreuves qu'il montrait à tous la mesure de son énergie, de sa prudence, de son dévouement, de l'incomparable fécondité de ses ressources : c'est ainsi qu'il fit appel à la loyauté, à l'honneur de son armée, qu'il la maintint, qu'il la soutint et qu'il la conserva tout entière; prête à profiter de la moindre faute commise par son redoutable ennemi.

Cette occasion se présenta enfin.

Les Français, décidés à faire sortir les Espagnols de Barletta, de leur repaire, arrivèrent un matin au pied presque des murailles, espérant y attirer leur ennemi. Gonzalve ne bougea point; ce que voyant, les Français se retirèrent en saluant leur ennemi de leurs cris et de leurs moqueries.

Gonzalve alors, sortant de la place, fondit comme la foudre sur les derrières de Nemours, lança sa cavalerie de tous côtés, battit, perça, enfonça les Français en fuite, et ramena devant Barletta, les plus illustres prisonniers. La fortune s'était déclarée pour le grand capitaine. En même temps, on apprenait la défaite de la flotte française par l'amiral espagnol près d'Otrante, puis l'arrivée des renforts attendus, puis, ce qui était plus précieux encore pour ces affamés, un convoi de sept navires qui débarquaient dans le port de Barletta, quelques jours après, grains, viande et provisions de toute sorte.

L'armée de Gonzalve, ainsi victorieuse et ravitaillée, n'attendit point. Sous le commandement en personne de son cher général, elle se mit en campagne. Dès le lendemain, elle vint attaquer la ville de Ruvo défendue par le brave général français, La Palisse. Le siége fut terrible; on prit maison par maison, la ville fut mise à sac, pillée, brûlée, et le général français ramené prisonnier à Barletta.

Avec le butin, les Espagnols avaient trouvé dans Ruvo un nombre considérable de chevaux; ils remontèrent ainsi leur cavalerie, car ils avaient commencé, pendant le blocus de Barletta, à manger la moitié de leurs chevaux; et bien ravitaillés, bien remontés, et surtout bien fiers de leurs succès répétés; ils s'apprêtèrent, en sortant de Barletta, à livrer à l'ennemi une bataille décisive.

VI.

Sur ces entrefaites, un second traité venait changer toutes les dispositions des deux camps.

Le fils de l'empereur Maximilien, l'archiduc Philippe, venait d'épouser la fille de la reine Isabelle, celle qui doit être la mère de Charles-Quint. Après son mariage, Philippe avait traversé la France, et de la part du roi d'Espagne Ferdinand, son beau-père, il avait fait au roi de France des ouvertures pour régler définitivement cette question brûlante d'Italie. Les parties s'étaient mises d'accord, et le 5 avril 1503, il avait été signé un nouveau traité qui arrangeait ainsi cette difficile affaire.

La fille de Louis XII, Claude, épousait Charles d'Autriche, et les futurs époux prenaient immédiatement les titres de roi et reine de Naples, duc et duchesse de Calabre.

Jusqu'à la consommation du mariage, l'armée française du royaume devait être placée sous le commandement d'un personnage de marque nommé par Louis XII, et l'armée d'Espagne sous celui de Philippe ou de tout autre chef, à la nomination de Ferdinand.

Toutes les places prises par les deux parties devaient être restituées; enfin, il était dit que la province disputée de la Capitanate serait gouvernée, moitié par un agent du roi de France et moitié par l'archiduc lui-même, pour le compte de Ferdinand, son beau-père. A cette nouvelle, en présence de ce partage impossible et honteux, au moment où des renforts considérables étaient arrivés de Sicile à Gonzalve; celui-ci possédé d'une noble indignation, refusa nettement de se soumettre à un semblable traité, inique dans le fond, injurieux dans la forme, précaire dans son exécution, puisque les deux princes à marier étaient deux enfants, et fièrement, il poursuivit sa campagne. A Séminare, il battit d'abord d'Aubigny, et il arriva dans la plaine de Cérignolles décidé à tenter une fois encore la fortune et la victoire.

Les deux armées avaient le même nombre d'hommes, sept à huit mille de chaque côté; Nemours commandait les Français.

L'attaque fut comme la défense, vive et sanglante. — L'infanterie espagnole qui déjà préludait à sa grande renommée, fut comme un mur d'airain quand elle était attaquée et comme la foudre quand elle attaquait. — Gonzalve, avec son regard d'aigle, sûr de ses troupes, au milieu de la mêlée, les animait, les dirigeait, et vers le soir, quand on eut fait un grand carnage, le champ de bataille restait avec la victoire au grand capitaine.

Nemours était tué, l'armée française en

déroute se réfugiait avec peine hors des coups de l'ennemi.

Dès lors, Naples appartenait au vainqueur. Bientôt arrivèrent à son camp les députations chargées de lui apporter les clefs de la ville, et les bannières d'Aragon, si connues des Napolitains, furent hissées de nouveau sur les forts.

Gonzalve fit son entrée à Naples le 14 mai 1503. Toutes les rues étaient jonchées de fleurs, tous les visages lui souriaient, c'était presque un roi.

Gonzalve ne tarda point à devenir le plus populaire des vice-rois; sa bienveillance, sa justice, son bon air, lui gagnèrent immédiatement tous les cœurs, et on eût pu regarder le royaume de Naples comme rendu à la domination aragonaise, si la place de Gaëte fortement occupée par les Français, n'eût pas offert encore une longue et très-sérieuse résistance aux armes de Gonzalve.

VI.

Gonzalve entreprit ce siége avec l'opiniâtreté qui le caractérisait, il y mena son armée presque tout entière.

Les forces françaises étaient campées devant la place, le long de la rivière du Garigliano. C'est là que Gonzalve les trouva et les attaqua.

L'action fut des plus vives, l'infanterie espagnole, une fois enfoncée, se reforma bientôt, la cavalerie tailla en pièces tous ceux qu'elle rencontra, les jeta dans la rivière, et au bout de la journée, toute l'armée française sous les ordres de Lur-Saluces, son général, avait été battue, comme venait de l'être d'Aubigny à Seminare, et la ville de Gaëte, dépourvue de défense, demandait à capituler.

Cette capitulation eut lieu le 3 janvier 1504. Elle fut honorable pour la garnison.

Dès lors, l'Italie échappait à la France et le traité de Lyon, conclu l'année suivante, le 25 février 1504, fixait les destinées du royaume de Naples, désormais sous la domination de l'Aragon. Ce traité glorieux pour l'Espagne eut encore le temps d'arriver à la cour d'Isabelle, avant que cette princesse, déjà si malade à cette époque, mourût; — cette malheureuse mort n'étant arrivée que le 26 novembre de la même année.

VII.

La mort de la reine Isabelle privait Gonzalve de sa meilleure et de sa plus puissante protectrice. Il eût dû, seul et par ses propres mérites, se recommander lui-même au roi Ferdinand, il n'en fut malheureusement pas ainsi. — Le roi Ferdinand qui jamais n'avait pu se dépouiller du sentiment de jalousie qui l'animait contre ce Castillan qu'il détestait, partit immédiatement pour Naples, et sans égard pour ses grands services, et la grande situation de Gonzalve, vice-roi de Naples, depuis la conquête qu'il en avait faite; il alla froidement lui enlever cette vice-royauté et lui signifier sa disgrâce.

Gonzalve, à cette nouvelle, se montra le plus digne et le plus respectueux des sujets. Mais une semblable disgrâce l'avait frappé à mort.

Revenu en Espagne, malade, il alla d'abord s'enfermer à Montilla, où il était né. — Il voulait, disait-il, voir son dernier jour, là où il avait vu le premier. — Sa santé empirant, il alla alors à Grenade, le théâtre de ses exploits, lors de la reddition de cette ville et des négociations avec le roi Boabdil qu'il avait menées si habilement. Le climat de Grenade, et la vie que Gonzalve y menait, au milieu des respects

CHAPITRE SEPTIÈME.

et de l'affection de tous, ne le guérit point, et bientôt, le 2 décembre 1515, il expirait au milieu des siens.

La mort de Gonzalve fut un deuil pour l'Espagne entière. — Le roi Ferdinand lui-même, fut obligé d'y prendre part, extérieurement du moins; les plus grands honneurs furent rendus à sa mémoire, et ses restes furent déposés dans un superbe mausolée que j'ai vu dans l'église de Saint-Gérôme. Autour de ce mausolée flottent une multitude de vieilles bannières trouées par la guerre, et sur l'un des côtés du mausolée on lit l'inscription suivante :

GONZALI FERNANDES DE CORDOVA
QUI PROPRIA VIRTUTE
MAGNI DUCIS NOMEN
PROPRIUM SIBI FECIT
OSSA
PERPETUA TANDEM
LUCI RESTITUENDA
HUIC INTEREA TUMULO
CREDITA SUNT
GLORIA MINIME CONSEPULTA.

LES RESTES
DE GONZALVE, FERDINAND, DE CORDOUE
QUI PAR SA PROPRE VALEUR
S'EST FAIT SEUL
LE RENOM D'UN GRAND CAPITAINE,
SONT ENSEVELIS
DANS CE TOMBEAU
A SA GRANDE GLOIRE,
ET POUR ÊTRE RENDUS ENFIN
A UNE LUMIÈRE ÉTERNELLE.

La statue de Gonzalve est couchée sur le mausolée.

En Espagne, la chanson est l'immortalité, témoin le Cid et ses exploits. Gonzalve aussi fut chanté par tous les poëtes et aujourd'hui encore on entend les enfants chanter partout, ces couplets de Jorge Manrique, à la mémoire du grand capitaine :

> Amigo de sus amigos
> Que señor para criados
> Y parientes.
> Que enemigo de enemigos,
> Que maestro de esforzados
> Y valientes!

Que seso para discretos,
Que gracia para doñosos,
Que razon.
Muy benigno á los sujetos
Y á los bravos y dañosos
Un leon.

dont la traduction littérale est :

Ami de ses amis,
Quel ami de ses serviteurs
Et de ses parents!
Quel ennemi de ses ennemis,
Quel chef des dévoués
Et des braves!
Quel bon sens pour les sages,
Quelle grâce pour les chevaliers,
Quelle raison!
Le plus doux pour les soumis
Et pour les méchants et les malfaiteurs,
Un lion.

Gonzalve est resté, dans les annales militaires du temps, comme dans la postérité, l'un des plus grands capitaines qui aient existé. — Énergique, ami du soldat, patient dans les mauvais jours, le premier à se priver, le premier sur la brèche, il donna partout l'exemple du vrai soldat.

Habile à conduire les négociations les plus difficiles, partout et en toute occasion on l'avait vu, ne consultant que l'avantage et l'honneur de sa patrie, n'avoir pour elle que le dévouement et l'affection les plus vrais. La reine Isabelle avait donné une grande preuve de sa sagacité lorsqu'elle avait, contre tous, choisi pour ces guerres d'Italie, celui qui y conquit la renommée et le nom de GRAND CAPITAINE.

Par un de ces hasards marqués du doigt de Dieu, c'est à Grenade même, non loin du mausolée où reposent les restes de la reine Isabelle que devaient également reposer ceux de son meilleur et plus illustre sujet ; — c'est, sous ce même ciel, qu'ils reposent en paix dans leur gloire commune.

1495 — 1504

CHAPITRE HUITIÈME.

SOMMAIRE.

1495-1504. — Réformes ecclésiastiques provoquées par Isabelle. — Mort du cardinal Mendoza. — Ximénès. — Ses débuts. — Il est confesseur de la reine. — Désordres des franciscains. — Il est archevêque de Tolède. — Réformes du clergé. — Oppositions. — Concours d'Isabelle. — Politique de Ximénès après la mort d'Isabelle. — Il est régent du royaume après la mort de Ferdinand. — Son expédition à Oran. — Il fonde l'université d'Alcala. — La Bible polyglotte. — Il remet le royaume à Charles-Quint. — Sa disgrâce. — Sa mort.

CHAPITRE HUITIÈME.

I.

Isabelle, comme nous l'avons vu, n'avait voulu prendre aucune part aux guerres d'Italie : elle considérait cette expédition et cette conquête, comme du domaine propre de son ambitieux époux; les princes d'Aragon, depuis longtemps déjà, ayant regardé Naples comme leur possession. — Quelque fière qu'elle ait été des succès merveilleux du grand capitaine de son choix, Gonzalve de Cordoue, — elle s'était donc renfermée dans les soins incessants à donner à l'administration intérieure de sa Castille préférée, et avant tout, les réformes à introduire dans les ordres ecclésiastiques l'avaient singulièrement occupée.

L'un de ses conseillers les plus autorisés, le cardinal Mendoza, archevêque de Tolède, venait de mourir (1495). Mendoza était celui qui avait succédé à ce fougueux archevêque de Tolède, Carillo, qui avait tant aidé à la déchéance honteuse de Henri IV, au drame d'Avila. Plus sage et surtout plus respectueux que lui de l'autorité royale, Mendoza avait toujours entouré Isabelle de son respect, de ses conseils comme de sa grande influence. En ces temps, la situation de l'archevêque de Tolède, primat d'Espagne, était une situation presque souveraine, aussi l'appelait-on le *troisième* roi d'Espagne.

Le Cardinal Ximénès
d'après un portrait du tems

La mort du cardinal Mendoza laissait un grand vide dans les conseils de la couronne. La reine, frappée de cet événement, demanda elle-même à Mendoza, à son lit de mort, de lui désigner son successeur à l'archevêché de Tolède. Mendoza désigna Ximénès, provincial de l'ordre des Franciscains, et déjà confesseur de la reine.

Ximénès, avait soixante-cinq ans, il était le fils de ses œuvres. Né de parents honorables, mais pauvres, il avait gagné ses grades à l'université de Salamanque où il s'était fort distingué. Destiné à la carrière ecclésiastique, il avait dû aller à Rome, où il avait passé par les premiers grades de la prêtrise. Revenu en Espagne, il aspirait à un bénéfice au siége de Tolède, lorsque l'impétueux Carillo voulant nommer un autre à sa place, l'avait fait tout simplement arrêter, et conduire en prison où il resta six ans de sa vie.

Ce début dans la carrière ecclésiastique n'avait point découragé Ximénès. Mendoza, celui qui vient de le recommander en mourant, était alors évêque de Siguenza, et il l'avait pris comme secrétaire. Frappé des qualités éminentes de Ximénès, il lui avait bientôt accordé toute sa confiance, au point qu'il lui remit l'administration du diocèse. Ximénès n'avait point tardé à sentir que cette vie qui le mêlait trop aux affaires de ce monde ne lui allait point, et il s'était décidé à embrasser la vie monastique.

L'ordre des Franciscains fut celui qu'il choisit comme le plus rigide. Il avait ainsi passé plusieurs années uniquement adonné aux exercices de son ordre, lorsqu'en 1492, la nomination de Talaveyra à l'évêché de Grenade, après la conquête, avait laissé vacant le poste important de confesseur de la reine.

Ximénès était à mille lieues, — lui si simple, si retiré et surtout si sévère — de penser à remplir auprès de la reine, un poste aussi difficile et aussi délicat.

Lors donc que la reine, sur l'avis de Talaveyra, l'avait appelé auprès d'elle, il avait hésité, puis enfin il s'était rendu auprès de la souveraine, et après quelques mots d'elle, il avait accepté. Au fond, Ximénès était moins effrayé qu'il ne se l'avouait à lui-même. Il savait, comme tout le monde, l'histoire qui était arrivée à son prédécesseur, à sa première entrevue avec Isabelle, et il avait la confiance que la reine serait avec lui tout aussi sincèrement soumise qu'avec Talaveyra.

Cette histoire qui témoigne du véritable caractère de la reine était celle-ci :

Lorsque Talaveyra avait assisté la première fois Isabelle en confession, il avait continué à rester assis, après qu'elle s'était mise à genoux. La reine lui ayant alors fait remarquer qu'il était d'usage que tous deux fussent à genoux : « Pardon, avait répondu le prélat, ceci est le tribunal de Dieu, j'agis comme son ministre, et il est convenable que je garde mon siége, pendant que Votre Majesté s'agenouille devant moi. »

Ce à quoi la reine avait répondu : « C'était là le confesseur qu'il me fallait. »

Ainsi édifié sur les dispositions de la reine, Ximénès avait exercé pendant trois ans ces fonctions sacrées, après quoi il avait été nommé provincial de son ordre.

C'est à cette époque que la reine, sur la désignation du cardinal Mendoza, à son lit de mort, avait songé à confier l'archevêché de Tolède à Ximénès, déja digne de sa plus entière confiance.

La reine avait le droit, — elle l'avait toujours maintenu, — de nommer aux vacances, et le pape n'avait plus qu'à ratifier son choix : c'était la loi et quelque désagréable que cette loi fût pour la papauté, la reine ne s'en était jamais départie.

Elle proposa donc Ximénès. Le roi fort contrarié de ce choix avait, lui, proposé son fils naturel Alphonse. La reine l'avait immédiatement repoussé, et elle avait adressé la nomination de son candidat au saint-père.

CHAPITRE HUITIÈME.

Le pape obtempéra, et alors Isabelle manda auprès d'elle Ximénès pour lui apprendre cette nouvelle.

Ximénès refusa, comme indigne, et il fallut une seconde bulle du saint-père pour le contraindre à cet honneur.

Le nouvel archevêque de Tolède, investi de la plus grande position religieuse et politique du royaume, le premier conseiller de l'État, le plus riche comme le plus puissant des évêques; celui qui pouvait mettre sous les armes presque autant de soldats qu'un roi, celui qui pouvait parcourir une partie considérable du royaume sans sortir de chez lui, celui enfin, à qui aboutissait le gouvernement presque tout entier, après la reine; ne changea en quoi que ce soit ses habitudes d'austérité et de simplicité.

Ximénès, sous sa robe d'évêque et bientôt de cardinal, ne portait qu'un linge grossier, dormait sur la planche, et mangeait à l'ordinaire du couvent : grand exemple pour tous les frères franciscains, sans cesse chez les seigneurs de la cour, à toutes les fêtes, à tous les repas où la continence était la règle la moins observée.

II.

Cette grande dignité d'archevêque de Tolède, et de provincial des franciscains qu'il avait conservée, imposait à Ximénès de grands devoirs à remplir. Les désordres des franciscains étaient publics, il résolut de les extirper.

Dans cet ordre, il y avait ce qu'on appelait les conventuels et ceux qu'on appelait les observantins.

Les observantins observaient très-fidèlement et très-ponctuellement la règle de l'ordre; les conventuels, au contraire, s'en écartaient le plus qu'ils pouvaient.

CHAPITRE HUITIÈME.

Ce sont ces écarts, ces désordres que Ximénès, d'accord avec la reine Isabelle, entreprit de réformer, et c'est, à ces fins, qu'elle avait obtenu du pape une bulle spéciale.

Cette besogne fut des plus rudes, les abus sont toujours ce qu'il y a de plus difficile à déraciner. Les franciscains d'accord avec quelques membres de la noblesse, se soulevèrent contre le réformateur ; Ximénès tint bon, et les frères de Tolède ayant quitté en masse leur couvent, Ximénès les força à y rentrer. La reine d'autre part agit auprès d'eux par la bienveillance et la discipline rentra au couvent avec la bonne conduite qui n'aurait jamais dû en sortir.

A toutes ces réformes, à toute cette sévère discipline, le clergé régulier de son diocèse ne fit pas moins d'opposition que les ordres monastiques. Ximénès les contraignit de même à rentrer dans l'obéissance.

III.

Ce fut dans ces circonstances que le pape Alexandre VI circonvenu par tous les intéressés à ces désordres, comme aussi par le supérieur des franciscains à Rome qui avait été gagné, fulmina un bref dans lequel il défendait d'obéir aux réformes de Ximénès, avant de lui en référer.

Isabelle d'accord avec Ximénès, protesta d'abord contre cette prétention qui sortait pleinement de la loi même qui régissait les ordres, puis, bientôt après, elle avait obtenu tout désistement de la cour de Rome à ce sujet.

Toutes les communautés religieuses eurent donc bientôt suivi cet exemple, et l'on vit l'ordre comme la discipline renaître dans toute l'Espagne.

A une époque où le clergé et tous les ordres ecclésiastiques avaient sur le peuple une si grande influence, il était bon, nécessaire, que l'exemple de toutes les bonnes traditions fût donné par eux : — ce n'était qu'ainsi que les masses pouvaient continuer au clergé le respect dû aux ministres de Dieu sur la terre. Exiler, d'un côté, les juifs et les Maures non convertis et tolérer, de l'autre, les excès de leurs persécuteurs; cela ne pouvait entrer dans la politique ni dans la haute raison de la reine, aussi s'appliqua-t-elle constamment et fermement, comme Ximénès lui-même, à cette grande réforme, qui resta l'un de ses titres au respect de tous.

IV.

Le cardinal Ximénès ne devait point borner à ces réformes sa grande œuvre. A la mort de la reine Isabelle, il rendit à Ferdinand les plus importants services, en se portant médiateur entre l'archiduc Philippe et lui, puis quand Philippe fut mort à son tour, ce fut encore lui qui assura à la politique tortueuse de Ferdinand la régence de la Castille au nom de Jeanne-la-Folle et de Charles-Quint.

A la mort de Ferdinand, ce fut Ximénès qui avec une habileté politique, dont on ne lui sut point gré, fit proclamer Charles-Quint roi de Castille et d'Aragon, et reconnaître son autorité, en exerçant si fermement, les fonctions de régent du royaume, avant l'arrivée de ce jeune souverain.

Dans les travaux de la guerre, Ximénès n'est pas moins illustre que dans ceux de la paix. On le voit réunir à la couronne de Castille déjà si puissante, nombre de places sur les côtes de Barbarie, Oran, Tripoli ; payer de ses deniers ces expéditions, et commander en personne, une armée contre les Maures, avec un courage extraordinaire dans un religieux.

V.

Le cardinal ne borna point encore là ses travaux et ses conquêtes, il en est d'autres que son grand esprit entreprit et réalisa.

Sachant l'influence que les sciences et les fortes études ont sur une nation, il fonda l'université d'Alcala-de-Henarès. Huit années se passèrent avant que cette célèbre académie fût prête à recevoir ses élèves, enfin l'université fut ouverte en 1508. Ximénès prenait naturellement le plus grand intérêt aux examens publics et aux luttes que les élèves se livraient entre eux, il encourageait leur émulation, et en avait fait des sujets savants et distingués.

La grammaire, la rhétorique, la philosophie, les classiques anciens étaient le sujet habituel de ces études : la première leçon donnée, fut sur la morale d'Aristote.

Tous les livres précieux, tous les manuscrits de quelque valeur, existant en Espagne, furent réunis dans la bibliothèque de l'université, et des savants envoyés à Rome, en France, et dans toute l'Italie, en rapportèrent les précieuses collections qu'ils achetèrent au poids de l'or ; de sorte que bientôt la bibliothèque d'Alcala fut une des plus complètes de l'Europe.

Ximénès, alors, et en même temps, conçut le vaste dessein d'ériger à la république des lettres le plus grand monument qui eût encore

CHAPITRE HUITIÈME.

vu le jour, — nous avons nommé sa Bible polyglotte.

Composer et publier une Bible qui renfermât dans des langues différentes, tous les textes connus des Écritures sacrées, c'était assurément l'œuvre la plus difficile, la plus laborieuse et la plus complexe qui se pût imaginer. Ximénès attacha à cette œuvre les savants et les érudits les plus autorisés dans le clergé castillan ; il se procura par l'entremise du pape Léon X, la traduction de tous les manuscrits qui existaient au Vatican; il envoya dans toutes les bibliothèques des couvents et des églises d'Italie des traducteurs attitrés, et de ce travail dans lequel toutes les langues anciennes, le chaldéen, l'hébreu, le latin, étaient représentés, il fit composer, sous ses yeux, cette célèbre Bible à laquelle il attacha son nom.

L'imprimerie était alors à son enfance (1473); on avait bien déjà imprimé à Saragosse, à Valence et à Madrid, quelques ouvrages de sciences et de religion ; mais l'art de fabriquer les caractères était si élémentaire que les plus grandes difficultés se présentèrent lorsqu'il fallut fondre des caractères de langues anciennes et oubliées, telles que l'hébreu. — Ce fut à la fonderie spéciale de l'université d'Alcala que ces caractères furent spécialement fondus, après un travail des plus ardus.

La Bible de Ximénès ne fut terminée que bien des années après qu'elle avait été commencée, et ce ne fut que peu de mois avant la mort du cardinal que ce dernier eut la joie de se la voir apporter magnifiquement reliée, par tous les savants qui y avaient pris part.

Ce fut un des plus beaux jours de sa vie.

CHAPITRE HUITIÈME.

VI.

C'est au milieu de ces soins de toute nature, que le grand cardinal, en sa qualité de régent du royaume de Castille, présidant à toutes les affaires civiles, ecclésiastiques ou militaires, s'était rendu à la rencontre de son jeune souverain, à qui il allait remettre un royaume plus florissant qu'il n'avait jamais été, lorsque tout à coup, il recevait de Charles-Quint une lettre qui lui ordonnait de se retirer dans son diocèse.

Ximénès, avec la juste fierté qui le distinguait, se sentit blessé au cœur par une semblable disgrâce, et une heure après avoir reçu cette lettre, il expirait, le 8 novembre 1517.

Il était avec Christophe Colomb et Gonzalve de Cordoue, le troisième qui recevait de l'ingratitude des rois, une semblable récompense, celle de l'oubli.

Le corps de Ximénès a été déposé à Alcala, dans la chapelle de Saint-Ildefonse, qu'il avait fait construire.

Son mausolée est simple et sévère.

Ximénès a laissé, en dépit de cette disgrâce, — la plus imméritée de toutes, — la mémoire du plus grand ministre qui ait existé en Espagne.

Sa fermeté, sa sagacité, son habileté politique, sa sagesse et sa dextérité au milieu des discordes et des compétitions fatales qui divisaient le pays et le trône lui-même; l'ont, — mieux que les faveurs passagères des rois, — recommandé à jamais à la mémoire des Espagnols et à la postérité.

1496 — 1504

CHAPITRE NEUVIÈME ET DERNIER

SOMMAIRE.

1496-1504. — La santé d'Isabelle décline. — Ses chagrins. — Mort de sa mère. — Les enfants d'Isabelle. — Sa fille aînée veuve de l'héritier du trône de Portugal. — Son retour en Espagne. — Elle épouse en secondes noces le roi de Portugal. — Mariage de sa seconde fille avec un prince de la maison royale d'Angleterre. — Le prince des Asturies épouse la fille de l'empereur d'Allemagne. — Sa mort. — Droits de la reine de Portugal sur le trône d'Espagne. — Les Cortès de Castille et d'Aragon. — Mort de la reine de Portugal. — Son fils. — Il est reconnu par les Cortès. — Sa mort. — L'infante Jeanne, fille de la reine Isabelle, héritière du trône. — Philippe et Jeanne arrivent en Espagne. — Ils sont reconnus par les Cortès. — Départ de Philippe. — Commencement de la folie de Jeanne. — Elle part pour la Flandre. — Scène scandaleuse à Bruxelles. — Sa folie après la mort de son mari. — Sa mort. — La reine Isabelle sent ses derniers jours arriver. — Son testament. — Ce qu'elle fait jurer au roi, son époux. — Son codicille. — Sa mort. — Conduite du roi après la mort d'Isabelle. — Son ambition. — Sa mort. — Les funérailles de la reine Isabelle. — Son corps est transporté à Grenade. — Son mausolée. — Jugement de l'histoire sur le règne d'Isabelle. — Son caractère. — Ses actes.

CHAPITRE NEUVIÈME.

I.

Cependant, et tandis que d'accord avec son grand ministre Ximénès, la reine Isabelle se livrait à ces grands travaux de réformes dans son gouvernement; sa santé qui jusqu'en 1496 avait été si bonne, avait commencé à décliner et on avait remarqué qu'à la mort de sa mère, qui était arrivée justement en 1496, le déclin avait été d'une rapidité terrible.

La mort de la mère d'Isabelle avait, en effet, été pour elle un de ces chagrins qui tarissent bientôt les sources de la vie.

La mère d'Isabelle qui l'avait si bien élevée à Arevalo, qui l'avait soutenue dans toutes les épreuves que traversa sa jeunesse au milieu des hostilités du roi son frère, des prises d'armes de Pacheco, des révolutions d'Avila; la mère d'Isabelle, disons-nous, avait, dans les dernières années de sa vie, donné à sa pauvre fille des preuves de la cruelle maladie dont elle fut frappée. — Elle était devenue folle. — On comprend les angoisses de sa malheureuse fille, pour sa mère, pour ses enfants à elle, pour elle-même. — Ce mal terrible devait-il ne frapper que sa mère, là était, avec le chagrin de la voir ainsi atteinte — l'anxiété dans laquelle vivait depuis cette époque la malheureuse reine.

Une fois sa mère morte, Isabelle jeta tristement ses regards autour d'elle, et, d'un œil maternel, — celui qui ne trompe jamais, — elle interrogea tous ses enfants. — Ses enfants étaient nombreux et ses alliances illustres. Isabelle avait un fils et quatre filles.

La princesse Isabelle, sa fille aînée, avait épousé l'infant Alonzo, fils du roi de Portugal, et héritier de cette couronne. — Ce mariage s'était fait en 1490. — Son but était d'unir un jour les couronnes de Portugal et d'Espagne, idée plus d'une fois caressée et jamais réalisée. Malheureusement, quelques mois après ce mariage, l'infant Alonzo était mort et cette mort était venue briser toutes les espérances qu'on y avait attachées.

La princesse inconsolable, ne pouvant rester sur les lieux qui lui rappelaient un si court bonheur, était aussitôt revenue auprès de sa mère, y chercher quelques consolations.

Il était dit toutefois que sa destinée était d'épouser un prince portugais. En effet, à la mort du roi Jean qui eut lieu en 1495, la couronne de Portugal était échue à Emmanuel : ce prince qui pendant que la princesse Isabelle était à la cour de Lisbonne durant son premier mariage, l'avait distinguée, s'était hâté d'envoyer une ambassade à la reine d'Espagne pour lui demander la main de sa fille qu'il aimait.

La princesse Jeanne, veuve depuis si peu de temps, refusa d'abord, mais plus tard, cédant aux sollicitations du roi de Portugal, elle l'avait épousé.

Ce mariage avait été célébré dans la ville d'Alcantara, en présence du roi et de la reine, mais sans aucune pompe, d'après la demande de la princesse elle-même. Ainsi avait été renouée l'idée de la réunion des deux couronnes, qui cette fois encore demeura sans résultat. — La nouvelle reine de Portugal fut d'ailleurs, sur ce nouveau trône, aussi heureuse qu'elle pût l'être; regrettant toujours, dit-on, son premier mari et son premier amour. De ce côté donc aucune inquiétude de la part d'Isabelle.

La deuxième fille de la reine devenue célèbre dans l'histoire d'Angleterre, sous le nom de Catherine d'Aragon, par ses malheurs et par ses vertus, avait épousé un prince de la maison royale d'Angleterre. — Ce mariage d'une princesse castillane avec un prince anglais était un événement presque unique dans l'histoire, aussi fut-il fort remarqué. Ce mariage avait eu lieu le 1er octobre 1496 : toutefois comme les deux fiancés n'avaient alors que onze ans à peine, il fut différé de quelques années. Ce fut un mariage tout politique, le choix et la sympathie des époux n'y entrèrent pour rien.

Le fils de la reine, Jean, héritier du trône d'Espagne, et prince des Asturies, avait épousé la fille de l'empereur d'Allemagne, la princesse Marguerite.

Jean était alors l'un des princes les plus recherchés de l'Europe. — l'Espagne par son union avec l'Aragon, par sa conquête de Grenade, par la découverte de l'Amérique et l'importance de ces nouvelles possessions, était alors l'un des plus grands États qui existât, — l'union des maisons d'Autriche et d'Espagne devait accroître d'autant cette grande influence, aussi les souverains espagnols donnèrent-ils, dès l'abord, leurs mains et leur consentement à cette union, si avantageuse pour leur politique. Il fut donné à ce mariage toute la pompe qu'il comportait. Une flotte composée de cent trente vaisseaux mit à la voile des ports de la Biscaye et du Guipuscoa, et alla chercher la princesse Marguerite. L'escadre était sous le commandement de l'amirante de Castille; une multitude de seigneurs castillans était à son bord. Après avoir reçu la princesse et sa suite, et essuyé de grandes tempêtes, elle abordait enfin à Santander. Là, le roi Ferdinand et le jeune prince des Asturies attendaient la royale fiancée.

Elle fut conduite triomphalement à Burgos, où la reine Isabelle la reçut dans ses bras.

CHAPITRE NEUVIÈME.

Le mariage eut lieu dans la célèbre cathédrale de Burgos : ce fut l'archevêque de Tolède qui le consacra, en présence de tous les grands, de toutes les députations des villes et des communes, de tous les grands maîtres des ordres. — Des fêtes et des joutes et des spectacles de toute nature eurent lieu à cette occasion sur la grande place de Burgos, et le jeune couple partit pour Salamanque. — Le bonheur de cette royale famille, comme celui des époux semblait donc complet, lorsqu'une terrible nouvelle arriva tout à coup à la cour.

Le prince des Asturies venait d'être atteint d'une maladie qui présentait les dangers les plus graves. — A son arrivée à Salamanque, des fêtes avaient eu lieu, il y avait pris froid, et une fièvre de la plus mauvaise nature s'était déclarée. — Le roi s'y transporta aussitôt, mais déjà son fils était perdu et le 4 octobre 1497 il expirait dans sa vingtième année.

Isabelle reçut cette lamentable nouvelle

avec la douleur que l'on peut concevoir : son cœur de mère frappé pour la première fois, devait, hélas! avoir bien d'autres terribles épreuves de ce genre. Elle pleura son fils avec toute l'Espagne et un deuil général se répandit sur cette nation qui naguère encore fondait sur ce prince tant d'espérances justifiées par ses qualités.

II.

La mort du prince héritier ouvrait toutefois cette grande succession à une princesse, qui n'était point étrangère à l'Espagne.

La reine de Portugal, récemment mariée nous l'avons vu, était la sœur aînée du prince des Asturies, la couronne lui revenait de droit.

Ferdinand et Isabelle les engagèrent à se rendre immédiatement en Castille, pour y faire reconnaître et sanctionner leurs droits légitimes par les Cortès.

A cette invitation, les souverains portugais avaient en effet aussitôt quitté Lisbonne et étaient arrivés à Tolède.

Les Cortès y étaient assemblées, elles s'empressèrent de reconnaître les deux époux, comme héritiers de la couronne, et ces derniers se dirigèrent vers Saragosse, où ils allèrent demander aux Cortès d'Aragon la même consécration.

Les Cortès d'Aragon, se montrèrent, dès les premiers jours, — ce qu'elles n'avaient jamais cessé d'être, — jalouses de leur puissance et complétement opposées à la confier à d'autres qu'à un prince de leur choix.

D'après ces Cortès et notamment, d'après le testament de leur dernier roi, Jean II, il était admis en Aragon que la couronne ne devait descendre qu'aux héritiers mâles, à l'exclusion formelle des femmes. — Il y avait cependant eu en Aragon même, au XIIe siècle, un exemple du contraire; néanmoins les Cortès tinrent bon, et l'affaire, fort grave on le voit, en était là, prête à briser l'union si péniblement accomplie de la Castille et de l'Aragon, prête à remettre entre les mains de ces deux peuples les armes de la guerre civile, lorsqu'un événement bien triste et bien inattendu vint trancher cette malheureuse question.

La reine de Portugal venait de mourir. — D'une complexion faible, elle avait expiré dans les bras de la reine, sa mère, le 23 août 1498, après avoir mis au monde un fils.

Cette seconde douleur de la pauvre reine, lui porta un coup fatal. — Elle avait perdu, en quelques mois, un fils et une fille; dès lors sa vie ne fut plus qu'un long jour de deuil.

Cet enfant, naissant ainsi au milieu de ce triste conflit, devait cependant briser toutes les oppositions et réunir dans une même pensée l'Espagne tout entière. — En effet, si on avait élevé des doutes sur les droits de la mère parce qu'elle était femme, il n'en pouvait exister aucun sur les droits acquis aux héritiers mâles, — les Cortès d'Aragon furent les premières à adopter ces conclusions légitimes et légales.

En conséquence, le 28 septembre, les quatre bras d'Aragon, réunis à Saragosse, — Ferdinand et Isabelle étant présents — déclarèrent le prince, Miguel, fils de la reine de Portugal, infante d'Espagne décédée; héritier légal de la couronne d'Aragon, réunie à celle de Castille. La tutelle du jeune infant fut confiée aux deux souverains, et après les formalités d'usage le serment de fidélité lui fut prêté. — Les comtes de Castille, de leur côté, prêtèrent le même serment, et cette fois encore, les trois couronnes de Castille, d'Aragon et de Portugal furent suspendues sur la même tête : cette fois encore aussi cet avenir ne devait point se réaliser.

Avant la fin de l'année, ce petit prince avait

cessé de vivre, et de nouveau, la succession à ce trône d'Espagne si tristement disputé, s'ouvrait à de nouveaux droits, ceux de la princesse Jeanne, la propre fille d'Isabelle.

III.

La princesse Jeanne, seconde fille de la reine, avait épousé en 1496, le fils de l'empereur Maximilien, l'archiduc Philippe d'Autriche. Une flotte considérable, commandée par l'amirante de Castille, et montée par les plus grands seigneurs du royaume, était partie des ports de la Biscaye pour aller conduire cette princesse en Flandre, et le mariage avait été célébré à Lille avec toute la pompe et les solennités que comportait une aussi illustre alliance.

La mort prématurée du prince de Portugal,

et les nouveaux droits au trône d'Espagne qui s'ouvraient pour Jeanne par cette mort, engagèrent alors Ferdinand et Isabelle à presser leur gendre de venir en Espagne, d'abord pour y recevoir le serment de fidélité des Cortès, ensuite pour connaître les institutions de ses futurs sujets et s'accoutumer à leurs mœurs.

Philippe qui se plaisait beaucoup en Flandre, où la cour était jeune et brillante, résista longtemps; enfin en 1501 seulement il se décida à faire le voyage qu'on lui demandait avec tant d'instances.

Accompagné d'un brillant cortége de seigneurs flamands; il partit en grande pompe avec Jeanne sa femme et son fils Charles, — celui qui devait être Charles-Quint, et qu'il venait présenter à Isabelle.

Philippe et Jeanne passèrent par la France, ils reçurent à la cour de Louis XII le plus brillant accueil, et arrivèrent en Espagne, le 29 janvier 1502, par Fontarabie.

A Fontarabie, les attendaient le grand connétable de Castille et une députation de toutes les provinces qu'ils devaient traverser.

S'étant mis en route, ils trouvèrent la cour à Tolède; c'est là qu'Isabelle serra dans ses bras maternels, ceux sur lesquels elle avait réuni toutes ses espérances, Jeanne et son fils.

Dans ce même mois, Philippe et son épouse reçurent le serment de fidélité des Cortès, à Tolède, et partirent pour Saragosse, où à la fin du mois d'octobre, ils reçurent des quatre bras d'Aragon le même serment, la princesse Jeanne, comme future reine-*propriétaire* de Castille, et les deux comme successeurs à la couronne, dans le cas où le roi Ferdinand et Isabelle son épouse n'auraient point d'enfants mâles.

Isabelle, déjà si cruellement frappée par la mort successive de son fils, de sa fille et de son petit-fils, n'avait pu faire ce voyage, déjà ses forces s'affaiblissaient.

Ces formalités importantes accomplies, Philippe, assez extraordinairement, témoigna le désir de retourner en Flandre, et d'y retourner sans son épouse. L'étiquette grave et réservée de la cour d'Isabelle, ne convenait que peu à ce prince, jeune, gai et aimant une société et des plaisirs qu'il ne trouvait point en Espagne.

Cette disposition parut fort étrange à Ferdinand comme à Isabelle. Ils firent l'un et l'autre, auprès de leur gendre, tout ce qu'ils purent pour essayer de le ramener à des dispositions plus convenables, mais bientôt ils aperçurent l'indifférence complète que Philippe avait pour Jeanne, l'extrême jalousie dont cette malheureuse princesse était possédée à l'égard de son infidèle mari, et ils durent se résigner à ce départ, qui va être la cause de si grands malheurs.

Philippe partit donc, et voulut passer par la France, avant de gagner les Pays-Bas. Il avait pour but, dans cette entrevue avec le roi Louis XII, qui l'avait si bien accueilli à son premier voyage, de conclure avec la France un traité, qui devait, par un mariage, venir enfin concilier les intérêts qui se débattaient, en Italie, sous la conduite du grand capitaine Gonzalve de Cordoue.

Ce traité, qui fut signé le 15 avril 1503, et qui ne reçut jamais son effet, unissait la fille de Louis XII, Claude, au fils de Philippe, Charles à peine né, et mettait sur la tête de ces deux enfants la couronne de Naples. C'est ce traité que Gonzalve ne voulut jamais reconnaître, et au mépris duquel il marcha immédiatement sur Naples qu'il conquit. Ce fut ainsi qu'il conserva ce royaume à la maison d'Aragon. — Quant à Charles, il eut mieux aussi, puisqu'il fut *Charles-Quint*, et réunit sur sa tête les couronnes d'empereur d'Allemagne, de roi d'Espagne, de Naples et de Sicile.

IV.

Ce départ précipité du prince Philippe n'en avait pas moins produit sur Jeanne, son épouse, la plus pénible impression. Dès ce moment, on put observer en elle, comme une maladie qui ne cessait de la dévorer.

Jeanne, d'ailleurs, il faut le dire, avait eu dès son enfance un caractère à part. Elle était habituellement sombre, ne jouait point avec les enfants de son âge, travaillait peu, parlait moins encore; aussi son éducation était-elle fort négligée. Lorsqu'elle devint une personne, ces habitudes solitaires ne changèrent point; elle les apporta à son mari avec une figure peu agréable, une tournure commune et un esprit, faut-il le dire? enclin à la plus terrible des passions, à la jalousie.

Aussitôt après le départ de son mari, Jeanne se retira donc dans son appartement, loin de son père, de sa mère; et là, seule tout le jour, on la trouvait assise, muette, les yeux fixés vers le sol, ne lisant point, ne travaillant point. Par moments, une sorte de fureur s'emparait d'elle, elle jetait alors de grands cris, ouvrait toutes les portes, appelait son mari, et finissait par fondre en un torrent de larmes.

Ce fut dans ces dispositions si cruelles qu'elle mit au monde, en 1503, son second fils Ferdinand. Elle fut la seule personne, en Espagne, qui ne témoigna aucun plaisir de cette naissance; son esprit était ailleurs.

La pauvre reine, sa mère, commença alors à se douter du malheur affreux qui lui était réservé : cependant, comme toutes les mères, voulant encore douter, elle fit venir tout ce qu'il y avait, en Europe, de plus savant en médecins, les consulta, essaya auprès de sa chère fille tous les médicaments, tous les remèdes, tous les tendres subterfuges qu'inspire l'amour maternel; tout échoua, et, au bout de quelques semaines, l'affreuse réalité lui apparut dans toute son horreur; — sa fille était folle, — folle comme sa mère à elle, et cette folie (ce qu'elle ignora, car elle mourut de douleur bien avant sa fille) devait durer plus de cinquante ans.

La folie de Jeanne était alors d'aller rejoindre son mari, qu'elle soupçonnait d'aimer une autre femme. Avec cette idée fixe, Jeanne, un soir, à peine vêtue, descendit seule, quitta le château, et s'échappa.

L'évêque de Burgos, prévenu, essaya de la ramener, et la ramena, en effet, jusqu'à une barrière du parc; mais là, Jeanne refusa obstinément d'aller plus loin et resta toute la nuit ainsi exposée au froid et à l'humidité.

La reine était à quelques lieues, on alla la chercher; elle revint, trouva Jeanne dans ce déplorable état qui ne s'écrit point, et, brisée de douleur et d'effroi, elle finit par la ramener au château.

Dès lors, on peut penser ce que fut la vie de la mère et de la fille, une angoisse sans mesure et sans fin.

Ce fut dès ce moment fatal que la santé d'Isabelle, déjà si altérée par les douloureuses pertes qu'elle avait éprouvées, commença à s'affaiblir de la manière la plus inquiétante.

Les importantes affaires qui agitaient encore son gouvernement et ses conseils venaient aggraver d'autant cette situation.

En même temps, il avait fallu répondre à une attaque inique de la France, dans le Roussillon; — faire face à une descente des Français sur les côtes de Catalogne; — maintenir, en Italie, l'armée de Gonzalve, la ravitailler d'hommes et d'argent; — faire face à cette révolte des Alpuxarres dont nous avons parlé, maintenir l'autorité royale dans le nouveau royaume de Grenade, encore si mal soumis ; — veiller, comme elle le faisait en pleine santé, aux soins incessants de ce grand gouvernement, — épuiser ainsi le reste de ses forces, et, spectacle affreux pour une mère, assister jour par jour au progrès affreux du mal qui avait totalement emporté la raison de sa fille !

V.

Ce fut dans ces circonstances que Jeanne, parvenant enfin à ses fins, obtint de pouvoir partir pour la Flandre, où elle promettait, une fois avec son époux adoré, d'être plus raisonnable.

La reine le crut et se sépara de sa fille qu'elle ne devait plus revoir, espérant quelque chose de ce rapprochement. Hélas ! il ne devait qu'empirer le mal et jeter Jeanne dans cette série de violences et d'excès qui sont la folie furieuse.

A peine arrivée, Jeanne, soupçonnant son mari d'une infidélité, se jeta sur sa rivale, au milieu d'un bal, et coupa, sous les yeux de Philippe, les cheveux de cette belle personne.

Un tel événement devait être, pour Philippe, le plus cruel, mais le plus certain des avertissements ; il se convainquit que sa femme était complétement folle, il ne restait plus qu'à l'enfermer pour le reste de ses jours.

Plus tard, la folie de Jeanne ne fit qu'empirer, et après la mort de Philippe, son époux infidèle, qui succomba à un excès de débauche, on la retrouva auprès de ce corps inanimé, sans une larme ni un soupir, muette et absorbée. Après qu'elle eut consenti à ce qu'on l'enterrât, elle le fit retirer du sépulcre, le fit placer dans sa chambre, le revêtit des habits royaux, et le plaça sur un grand lit de parade, entouré de cierges.

Elle avait entendu raconter, prétendait-elle, l'histoire d'un roi qui était ressuscité quatorze ans après sa mort; elle tenait ses yeux constamment fixés sur ce corps, attendant fermement, disait-elle, le moment de sa résurrection. Comme pendant la vie de son mari, elle en était jalouse après sa mort : elle ne permettait à aucune de ses femmes d'approcher de ce lit où était étendu son époux chéri; et plus encore, elle avait pris en une telle horreur son propre sexe, que quoique enceinte et prête à accoucher, elle ne voulut même pas introduire auprès d'elle de sage-femme; elle accoucha de la princesse Catherine, avec les seuls secours de ses serviteurs. Elle ne mourut qu'en 1555, dans sa soixante-quinzième année; elle avait été enfermée plus de cinquante ans.

VI.

Revenant à la scène de jalousie qui se passa en pleine cour, à Bruxelles, scène où Jeanne coupa les cheveux de la maîtresse supposée de son époux; lorsque cette nouvelle arriva à Tolède, on laisse à penser l'impression qu'elle avait produite sur la pauvre Isabelle et sur son mari. Ferdinand en tomba malade et vint ajouter cette inquiétude aux douleurs de la reine.

Quant à Isabelle, frappée au cœur, épuisée de forces, de larmes et de désespoir, elle commença ce jour-là cette maladie qui devait être la dernière.

Une fièvre terrible s'empara d'elle, on ne put la réduire; bientôt les aliments lui répugnèrent, une soif ardente la dévora; enfin quelques jours après une hydropisie de poitrine se déclara.

Dès ce moment, Isabelle sentit que ses derniers jours étaient proches, et avant de quitter le monde où elle avait eu tant de bonheurs, de gloires et de chagrins, elle voulut mettre ordre aux affaires du gouvernement que Dieu avait remis entre ses mains.

Elle rassembla alors toutes ses forces, et seule, sur son lit, elle écrivit d'une main assurée le testament qu'elle laissa à ses successeurs. En voici l'extrait.

Elle commença par fixer l'ordre de succession à la couronne. Sa fille Jeanne, comme reine-*propriétaire* de Castille, et son mari, Philippe, en furent investis.

Elle leur recommandait de se conformer religieusement aux lois et aux usages du royaume, les suppliait de n'appeler aucun étranger aux charges de l'État, de ne promulguer aucune loi sans le consentement des Cortès, de ne jamais s'absenter du royaume sans leur consentement ; elle les priait de témoigner à Ferdinand, son époux, le respect qu'il méritait, et leur prescrivait le plus exact maintien des libertés du peuple.

Eu égard à l'avis des Cortès exprimé en 1503, et en cas d'incapacité de Jeanne sa fille, elle désignait le roi, son époux, comme seul tuteur du royaume, jusqu'à la majorité de son petit-fils, Charles d'Autriche.

Ensuite, elle fixait l'apanage de son époux, lui léguant la moitié des revenus qui proviendraient des Indes, et lui assignait avec les dignités de grand maître des trois ordres militaires qu'elle avait réunis à la couronne, les immenses revenus qui y étaient attachés.

Passant à ceux qu'elle avait aimés d'un amour constant, — ses serviteurs et ses amis, — elle recommandait à son successeur tous les officiers de sa maison, et avant tous, sa tendre et fidèle amie Béatrix de Bovadilla, qui ne l'avait jamais quittée depuis le château d'Arevalo, depuis près de quarante-cinq ans.

Elle fixait enfin l'ordre de ses funérailles. — Elle désirait que ses restes fussent portés à Grenade, dans le château de l'Alhambra, et qu'ils y fussent déposés dans un tombeau avec une simple inscription. Si le roi, son seigneur, ajoutait-elle, désire être enterré ailleurs, alors elle ordonnait que son corps fût transféré à côté du sien. — Elle prescrivait ensuite les aumônes abondantes qu'on distribuerait aux pauvres le jour de sa mort; puis elle finissait ainsi :

« Je supplie le roi, mon seigneur, d'accepter
« tous mes joyaux ou ceux qu'il voudra choisir,
« afin qu'ils puissent lui témoigner l'amour
« que je lui ai toujours porté pendant ma vie,
« et lui rappeler que je l'attends maintenant
« dans un monde meilleur. — Ces souvenirs
« l'encourageront à vivre plus saintement dans
« celui-ci ! »

VII.

Après ces tendres recommandations, dans lesquelles elle n'avait oublié personne, Isabelle, inspirée par la sagesse et l'amour de sa chère patrie, avait une dernière prière à demander au roi son époux. Elle le fit approcher de son lit, et là, elle lui fit jurer qu'il ne chercherait, ni par un second mariage, ni par aucun autre moyen, à priver Jeanne, leur fille, ou sa postérité, du droit de succession à aucun de ses royaumes, si glorieusement unis.

Ferdinand jura ce que lui demanda la reine.

Ce dernier devoir accompli, Isabelle avait à peine eu le temps de faire sceller son testament, qu'épuisée de fatigue et tout en larmes, elle tombait dans un long évanouissement.

On la crut morte; ce n'était pas encore la fin.

Quelques jours après, les forces étant un peu revenues, Isabelle voulut ajouter à son testament un codicille; elle le data du 23 novembre.

D'après ce codicille, qui existe encore dans la bibliothèque royale de Madrid, Isabelle recommanda la révision attentive de toutes les lois et ordonnances contradictoires rendues pendant son règne.

Elle prescrivit, dans les termes les plus pressants, de continuer à civiliser et à convertir les pauvres Indiens du nouveau monde, ses nouveaux sujets.

Elle insista sur la révision des lois qui constituent les revenus de la couronne, les trouvant trop lourds à payer par son cher et fidèle peuple.

Après avoir écrit ce codicille d'une main défaillante (les caractères en sont tout tremblés), Isabelle le remit au cardinal Ximénès, en le chargeant spécialement de son exécution ; puis, sentant sa vue s'affaiblir, ses forces lui échapper, son dernier jour arriver, elle s'apprêta à mourir, comme elle avait vécu, saintement et simplement.

Ce dernier jour fut celui du 26 novembre 1504.

VIII.

Ce jour-là, Isabelle avait recouvré dans toute sa figure la sérénité de sa jeunesse. Entourée de tous ses amis qui pleuraient toutes leurs larmes : « *Ne pleurez pas pour moi,* leur dit-elle avec un tendre regard, *mais priez pour le salut de mon âme !* » Puis, comme couronnée d'une divine auréole, les mains jointes, elle vit arriver le ministre de Dieu avec cet air de calme et de bonheur intérieur réservé aux justes, reçut pieusement les derniers sacrements, et expira, les yeux tournés vers le ciel, où l'attendait la grande récompense.

Isabelle avait cinquante-quatre ans, elle en avait régné trente.

IX.

Dès que la reine Isabelle eut cessé de vivre, le roi Ferdinand qui l'oublia si vite, fut loin d'être le fidèle observateur de ce qu'il lui avait promis et juré à son lit de mort.

D'abord, et pour conserver sa régence si chaudement disputée, Ferdinand tenta successivement tous les moyens que lui suscita une politique ambitieuse et déloyale. Il fit plus et pis.

Il avait juré de ne jamais chercher, par un second mariage, à priver Jeanne sa fille de sa succession aux couronnes réunies de Castille et d'Aragon.

Sans respecter, ni les sentiments de la nature, ni les lois de la décence, il résolut, au contraire, de priver Jeanne de la couronne de Castille, et il s'oublia (nous l'avons déjà indiqué) jusqu'à demander en mariage cette fille supposée du roi Henri IV, La Bertrandeja, retirée en Portugal, la même qu'il avait, de concert avec Isabelle, combattue de ses armes dans la guerre de la succession, la même dont il voulait faire revivre les droits illégitimes au détriment de ceux de sa propre fille! Cette princesse lui fut heureusement refusée.

Tournant alors ses regards intéressés d'un autre côté, Ferdinand avait obtenu la main de la sœur du roi de France Louis XII, Germaine de Foix, jeune et belle princesse de dix-huit ans; il en avait cinquante-quatre.

Dans l'espoir d'avoir de ce mariage un héritier mâle, — qui d'après la constitution aragonaise, primât les droits de sa fille, — et exclût des trônes d'Aragon, de Naples, de Sardaigne et de Sicile, Philippe son propre gendre, Ferdinand avait eu la coupable pensée d'arracher ces quatre couronnes à la Castille, et de démembrer ainsi, une fois encore, cette monarchie espagnole qu'Isabelle avait eu tant de peine et de gloire à fonder. Dans ce but donc, et ayant perdu un premier enfant, Ferdinand, alors plus que sexagénaire et dont le tempérament était usé par des débauches sans fin; Ferdinand, disons-nous, avait pris, sur l'avis de ses médecins, un de ces breuvages propres à rendre à la vieillesse une vigueur factice, et bientôt il en était mort, sans enfants, le 23 janvier 1516, laissant à tous et à la Castille surtout, la mémoire la moins respectée.

En résumé, au lit de mort de sa vertueuse épouse, il avait juré de ne jamais se remarier, juré de ne jamais rien faire qui pût attenter aux droits de sa fille, ni à l'intégrité des deux couronnes réunies; la reine à peine ensevelie, il avait tout tenté et tout accompli pour se remarier, tout tenté pour briser la grande œuvre d'Isabelle, l'unité de la monarchie et de la patrie ! — L'histoire l'a jugé.

X.

Les désirs de la reine Isabelle touchant ses funérailles, furent au contraire exécutés avec le respect le plus religieux.

Ces funérailles eurent lieu dans l'église de Medina-del-Campo. — Toute l'Espagne y assista de cœur et la pleura des mêmes larmes. — Ces larmes et ces prières consacrèrent cette illustre mémoire, à jamais chérie et vénérée des Espagnols.

Le corps de la reine Isabelle fut, suivant ses volontés, transporté à Grenade. Tout un clergé, et toute une armée de chevaliers, de bourgeois, de soldats, lui servit d'escorte.

Le triste cortége, parti de Medina-del-Campo le 27 novembre mit vingt et un jours avant d'arriver à Grenade, par un temps affreux d'orages et de pluies. — A son passage dans la campagne, tous les habitants accouraient sur la route pour saluer celle qu'ils appelaient la *Bonne Reine*. — Le soir, on déposait le corps dans l'église, étincelante de lumières, du village où l'on s'arrêtait, et tous les fidèles gardaient la nuit, leur *Bonne Reine*; enfin, le 18 décembre 1504, le funèbre cortége entrait à Grenade, par la même porte, où Isabelle, était entrée à cheval douze ans auparavant, à la tête de son armée victorieuse.

Le corps d'Isabelle fut d'abord déposé dans le couvent des Franciscains de l'Alhambra, plus tard et après la mort du roi son époux, il fut transporté dans la chapelle royale de la cathédrale de Grenade et réuni à celui de Ferdinand son époux, dans un mausolée que l'on y voit encore aujourd'hui, auprès du tombeau de Philippe-le-Beau, leur gendre, et de Jeanne-la-Folle, leur malheureuse fille.

Au sommet du monument, sont couchées côte à côte, les statues des deux époux. Ils tiennent le sceptre et l'épée réunis. Aux quatre angles du tombeau sont assis les docteurs de l'Église, et sur les côtés, sont les douze apôtres. La tête de la reine Isabelle respire une majesté incomparable.

L'inscription suivante rappelle les hauts faits de ce grand règne :

MAHOMETICÆ SECTÆ PROSTRATORES ET HÆRETICÆ
PERVICACIÆ EXTINCTORES, FERNANDUS
ARAGONORUM ET HELISABETHA CASTILLÆ
VIR ET UXOR, CATHOLICI APPELLATI,
MARMOREO CLAUDUNTUR TUMULO.

Ferdinand d'Aragon et Isabelle de Castille, époux légitimes, surnommés les Catholiques, après avoir chassé les Musulmans et extirpé l'hérésie, sont enfermés dans ce tombeau.

TOMBEAU DE FERDINAND ET ISABELLE
— Chapelle Royale de Grenade —

Telle est la simple et heureuse inscription qui rappelle à tous et en quelques mots, le règne si célèbre et si grand de la reine Isabelle-la-Catholique.

XI.

Si l'on voulait peindre en quelques traits rapides (ceux-là qui restent dans le souvenir de tous) le caractère et les actes d'Isabelle, on dirait :

Sa nature était douce, pure et sympathique.

D'un esprit droit, sérieux, intelligent, elle avait en elle le sentiment intime de toutes les grandes choses, elle y apportait une énergie, une sorte de passion nationales. Rien de ce qui pût agrandir, illustrer son peuple et sa patrie ne lui fut étranger.

Son cœur était bon, ouvert à toutes les infortunes, à toutes les affections; hélas! à toutes les tristesses. — Elle fut la meilleure des mères, la plus fidèle des épouses, la plus sûre amie de tous ceux qui servirent avec elle sa Castille préférée.

Tel était son caractère, ses actes furent ceux-ci :

XII.

En réunissant les deux couronnes de Castille et d'Aragon, Isabelle fonda définitivement la monarchie espagnole. Par l'institution protectrice de la *Santa Hermandad*, elle donna au pays le calme et la sécurité. — Avec la revendication des grandes maîtrises des ordres militaires et celle des grands domaines usurpés par la noblesse, elle rendit à la couronne son autorité; aux communes leurs immunités et leurs droits.

Par la reprise des charges et des bénéfices ecclésiastiques, Isabelle affirma son indépendance de la papauté; par les réformes du clergé, elle le moralisa. — Par l'essor qu'elle donna au commerce et à l'industrie, elle accrut, d'une merveilleuse manière, la richesse et la prospérité nationales. — A la guerre, sa vaillance était connue, elle était l'idole du soldat, qui l'appelait, SON ROI.

Isabelle fit plus.

Par la constante protection dont elle entoura Christophe Colomb, dans la découverte du nouveau monde, elle agrandit la puissance de l'Espagne, comme l'illustre Gonzalve de Cordoue l'avait agrandie, par la conquête de Naples.

Enfin, et pour couronner son œuvre, Isabelle, par l'expulsion définitive des musulmans du royaume de Grenade, fit l'unité de la patrie, comme elle avait fait naguère celle de la monarchie.

En deux mots : nul ne fit l'Espagne plus glorieuse, nul ne l'aima plus, ne la servit mieux ! — C'est ainsi qu'elle est restée pour la postérité, une GRANDE REINE et une GRANDE FEMME.

FIN.

TABLE DES MATIÈRES

TABLE DES MATIÈRES

CHAPITRE PREMIER.

1451-1474. — Naissance d'Isabelle. — Ses premières années. — La cour et le gouvernement du roi Henri IV de Castille. — Pacheco, marquis de Villena. — Second mariage du roi. — Le prince de Viane est fiancé à Isabelle. — Sa mort étrange. — Guerre entre Castille et Aragon. — Intervention de la France. — Louis XI et Henri IV sur la Bidassoa. — Décision de Louis XI. — Soulèvement des confédérés. — La reine et Bertrand de la Cueva. — Naissance de la princesse Jeanne. — Doutes sur la paternité du roi. — Drame d'Avila. — Déposition du roi. — Isabelle à Arevalo. — Son éducation. — Ses occupations. — Son caractère. — On lui offre le grand maître de Calatrava pour époux. — Son refus. — Béatrix de Bovadilla. — Offre du trône à Isabelle. — Son refus. — Prétendants à la main d'Isabelle. — L'Angleterre. — La France. — L'Aragon. — Le prince Ferdinand d'Aragon est agréé. — Conditions spéciales du mariage. — Voyage romanesque de Ferdinand. — Mariage de Ferdinand et Isabelle. — Cérémonies à Valladolid. — Dangers courus par Isabelle. — Scandales de la cour de Henri IV. — Situation déplorable de la Castille. — Mort du roi Henri IV. — Isabelle est reine de Castille. . . . . Page 11

CHAPITRE DEUXIÈME.

1473-1481. — Avénement d'Isabelle au trône de Castille. — Sa reconnaissance solennelle par les États. — Contestations. — Suprématie de la Castille. — Commencement de la guerre de succession. — Isabelle et Jeanne. — La Bertrandeja. — Attaque de la ville de Toro. — Le Portugal. — Propositions d'arrangement. — Noble refus d'Isabelle. — Bataille décisive de Toro. — La France reconnaît la royauté d'Isabelle. — Mort du roi d'Aragon, père de Ferdinand. — Réunion définitive des deux couronnes de Castille et d'Aragon. — La Bertrandeja prend le voile à Coïmbre. — Situation de la Castille à l'avénement d'Isabelle. — Son histoire dès les premiers âges. — Ce qu'on appelle la *Reconquista*. — Son gouvernement intérieur. — Villes et communes. — La noblesse. — Le clergé. — La royauté. — Décadence successive de l'autorité royale jusqu'à Isabelle. — L'Aragon. — Ses conquêtes. — La Catalogne. — Ville de Barcelone. — Son importance. — Constitution spéciale de la royauté en Aragon. — Réformes et plans d'Isabelle . . . . Page 79

CHAPITRE TROISIÈME.

1475-1481. — Réformes du gouvernement d'Isabelle. — Création de la *Santa Hermandad* (gendarmerie). — Ses règlements. — Son action.

— Les cours de justice. — Réformes des lois. — Isabelle tient sa cour de justice à Séville. — Rétablissement de l'autorité royale. — Détails sur les reprises. — Résistances de la noblesse. — Les trois ordres militaires de Calatrava, Alcantara et Santiago. — Leurs statuts. — Leur puissance. — Isabelle reprend la nomination aux grandes maîtrises des trois ordres. — Puissance de la couronne. — Les grandes charges et bénéfices ecclésiastiques. — Isabelle revendique la nomination à ces charges sur la papauté. — Les Juifs. — Leur situation en Castille. — Leur richesse. — Leurs alliances. — Animadversion qu'ils suscitent. — Institution de l'Inquisition en Castille. — Opposition d'Isabelle. — Première bulle du pape Sixte IV. — Les fausses conversions. — L'Inquisition en Aragon. — Résistances. — Conspiration contre le grand-inquisiteur Arbûes. — Il est assassiné. — Situation générale de la Castille, après les réformes d'Isabelle. Page 135

CHAPITRE QUATRIÈME.

1481-1487. — Le royaume de Grenade. — Sa fondation. — Sa puissance. — La ville de Grenade. — Ses murailles. — Ses forteresses. — Sa *vega*. — L'Alhambra. — Revenus du royaume. — Sa population. — Son commerce. — Son armée. — Préparatifs d'Isabelle pour la campagne. — Première attaque d'Alhama. — L'assaut. — Alhama est repris par le roi de Grenade. — Énergie d'Isabelle. — Reprise d'Alhama par les chrétiens. — Campagne de Loja. — Troubles à Grenade. — Guerre civile. — Déposition du roi. — Les Maures dans l'Axarquie. — Ce que sont les montagnes de l'Axarquie. — Défaite affreuse des chrétiens. — Détails. — Campagne de Velez-Malaga. — Capitulation des forts. — Campagne de Malaga. — Sa situation. — Son port. — Ses forts. — Arrivée d'Isabelle. — Opérations du siège. — Tentative d'assassinat sur le roi Ferdinand. —

Assaut de la forteresse. — Propositions de capitulation. — Refus de Ferdinand. — Reddition de Malaga. — Entrée d'Isabelle. — Conditions de la capitulation. . . . . Page 181

CHAPITRE CINQUIÈME.

1487-1492. — Attaque de Baza. — Difficultés de l'entreprise. — Projets de retraite. — Isabelle s'y refuse énergiquement. — Ses sacrifices. — Ses soins du soldat. — Création des ambulances militaires. — Isabelle accourt au camp. — Capitulation de Baza. — Prise d'Almeria. — Campagne de Grenade. — Grenade. — Son gouvernement. — Situation de la ville. — Les deux forteresses, l'Alhambra et l'Albaycin. — La *vega*. — Armée d'Isabelle. — Son camp. — Incendie de sa tente. — Le camp est brûlé. — Fondation de la ville de Santa-Fé. — Offres de capitulation ; premières négociations. — Gonzalve de Cordoue, négociateur. — Sédition à Grenade. — Accord sur les conditions de la capitulation. — Isabelle et Ferdinand se rendent à la citadelle de l'Alhambra. — Le roi de Grenade remet les clefs de la ville. — Les souverains redescendent à Santa-Fé. — Entrée solennelle des souverains à Grenade. — Les bannières royales sur la neuvième tour de l'Alhambra. — Le roi de Grenade se retire dans la montagne. — Paroles de la sultane Zoraya. — Conséquences de la conquête de Grenade. — Tableau de la prospérité de la Castille depuis l'avénement d'Isabelle. — Population. — Revenus de la couronne. — Agriculture. — Orfévrerie. — Tissus. — Émaux. — Céramique. — Marine militaire. — L'armée. — L'artillerie. — Édit de 1492 contre les Juifs. — Leur expulsion. — Révolte des Alpuxarres (1500). Le roi Ferdinand soumet les révoltés.   Page 237

CHAPITRE SIXIÈME.

1492-1506. — Christophe Colomb. — Ses premières ouvertures au camp de Santa-Fé. — Découvertes des Portugais. — Jalousie des Castillans. — Propositions à l'archevêque de Grenade. — Insuccès. — Entrevue avec Isabelle. — Opposition du roi Ferdinand. — Lettres patentes accordées. — Premier départ de Colomb. — Ses découvertes. — Son retour. — Deuxième expédition. — Ses découvertes. — Retour. — Difficultés de la troisième expédition. — Déplorable état d'Hispaniola. — Dénonciations de Colomb à la reine Isabelle. — Envoi d'un commissaire royal aux colonies. — Colomb arrêté. — Il est ramené en Espagne. — Sa justification. — Départ d'une flotte pour le Nouveau-Monde. — Quatrième expédition de Colomb. — Ses découvertes.—Son retour en Espagne.—Ingratitude du roi.—Monument à Gênes. —Inscription. — Sa mort. —Son corps est transporté à la Havane.—Son tombeau.—Monument à Gênes, inscription. Page 307.

CHAPITRE SEPTIÈME.

1493-1504. — Guerres d'Italie. — Leur cause. — Préparatifs de l'Aragon. — Les Français entrent à Rome. — Départ de Gonzalve de Cordoue. — Entrée des Français à Naples. — Gonzalve arrive en Calabre. — Siége d'Atella. — Défaite complète des Français. — Mort de Charles VIII. — Louis XII passe en Italie. — Gonzalve revient en Italie. — Traité de partage entre la France et l'Espagne. — La Capitanate. — Collision. — Gonzalve dans Barletta. — Défaite de Nemours. — Mariage de l'infante Jeanne, fille de la reine Isabelle, avec l'archiduc Philippe, fils de l'empereur Maximilien. — Conditions du mariage touchant l'Italie. — Deuxième traité. — Gonzalve s'y refuse. — Bataille de Seminare. — Bataille de Cerignolles. — Défaite des Français. — Gonzalve entre à Naples. — Sa popularité. — Siége de Gaëte. — Sa capitulation. — Gonzalve vice-roi de Naples. — Son retour en Espagne. — Ingratitude du roi Ferdinand. — Sa disgrâce. — Sa mort. — Son mausolée. — Inscription . . . . Page 337.

CHAPITRE HUITIÈME.

1495-1504. — Réformes ecclésiastiques provoquées par Isabelle. — Mort du cardinal Mendoza. — Ximenès. — Ses débuts. — Il est confesseur de la reine. — Désordres des Franciscains. — Il est archevêque de Tolède. — Réformes du clergé.— Opposition. — Concours d'Isabelle. — Politique de Ximenès après la mort d'Isabelle. — Il est régent du royaume après la mort de Ferdinand. — Son expédition à Oran. — Il fonde l'université d'Alcala. — La Bible polyglotte. — Il remet le royaume à Charles-Quint. — Sa disgrâce. — Sa mort. . . . . Page 379.

CHAPITRE NEUVIÈME.

1496-1504. — La santé d'Isabelle décline. — Ses chagrins. — Mort de sa mère. — Les enfants d'Isabelle. — Sa fille ainée veuve de l'héritier du trône de Portugal. — Son retour en Espagne. — Elle épouse en secondes noces le roi de Portugal. — Mariage de sa seconde fille avec un prince de la maison royale d'Angleterre. — Le prince des Asturies épouse la fille de l'empereur d'Allemagne. — Sa mort. — Droits de la reine de Portugal sur le trône d'Espagne. — Les Cortès de Castille et d'Aragon. — Mort de la reine de Portugal. — Son fils.

— Il est reconnu par les Cortès. — Sa mort. — L'infante Jeanne, fille de la reine Isabelle, héritière du trône. — Philippe et Jeanne arrivent en Espagne. — Ils sont reconnus par les Cortès. — Départ de Philippe. — Commencement de la folie de Jeanne. — Elle part pour la Flandre. — Scène scandaleuse à Bruxelles. — Sa folie après la mort de son mari. — Sa mort. — La reine Isabelle sent ses derniers jours arriver. — Son testament. — Ce qu'elle fait jurer au roi, son époux. — Son codicille. — Sa mort. — Conduite du roi après la mort d'Isabelle. — Son ambition. — Sa mort. — Les funérailles de la reine Isabelle. — Son corps est transporté à Grenade. — Son mausolée. — Jugement de l'histoire sur le règne d'Isabelle. — Son caractère. — Ses actes.................. Page 401.

ERRATA.

Page 43, ligne 1, au lieu de *aussi,* lisez *ainsi.*

Page 65, ligne 14, au lieu de *1459,* lisez *1469.*

Page 79, sommaire, au lieu de *1473,* lisez *1474.*

Page 184, ligne 21, au lieu de *mettait,* lisez *mettaient.*

Page 268, ligne 18, au lieu de *1493,* lisez *1492.*

Page 368, ligne 12, au lieu de *servir,* lisez *aider.*

Page 373, ligne 1, au lieu de *guérit,* lisez *guérirent.*

OUVRAGES DU MÊME AUTEUR

Voyage en Sicile, 1833. . . . . 2 vol. in-8°.
Les Finances de la France et de l'Angleterre. . . . 1 vol. in-8°.
Les Finances de la France, 1852 à 1859. . . . . 1 vol. in-8°.
Les Finances du département du Cantal. . . . . . 1 vol. in-8°.
Histoire des Finances françaises, sous l'ancienne
    Monarchie, la République, le Consulat et
    l'Empire. . . . . 4 vol. in-8°.
Histoire des Finances françaises, sous la Restau-
    ration. . . . . 2 vol. in-8°.
Le comte Corvetto, ministre des finances sous
    le roi Louis XVIII ; sa vie . . . . 1 vol. in-8°.
L'Espagne, ses finances, son armée, son admi-
    nistration. . . . . 1 vol. in-8°.
Souvenirs de ma vie. . . . . 1 vol. in-18.
Histoire d'Espagne. . . . . 4 vol. in-8°.

Nervo, baron de
Isabelle la Catholique, reine d'Espagne.

28957

Dictons et Proverbes espagnols. . . . . 1 vol. in-18.

PARIS. — J. CLAYE, IMPRIMEUR, 7, RUE SAINT-BENOIT.